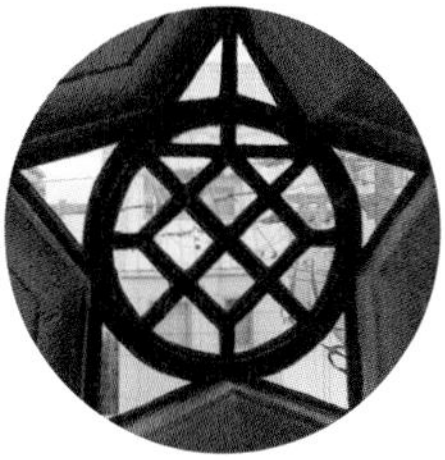

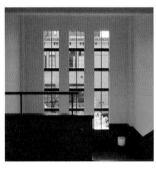

京都 レトロモダン建物めぐり

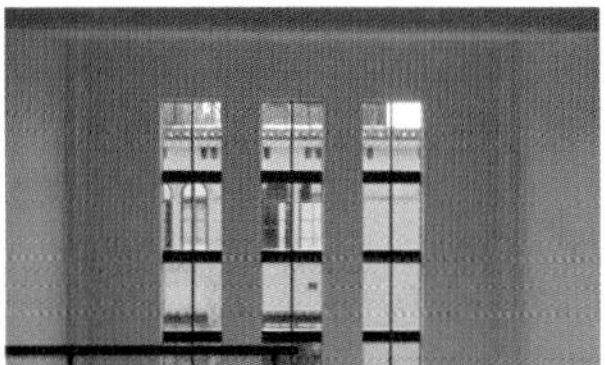

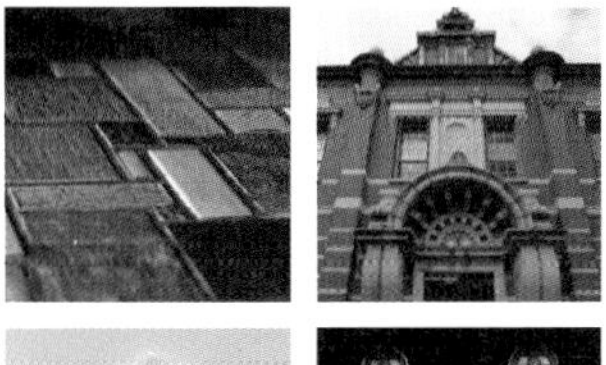

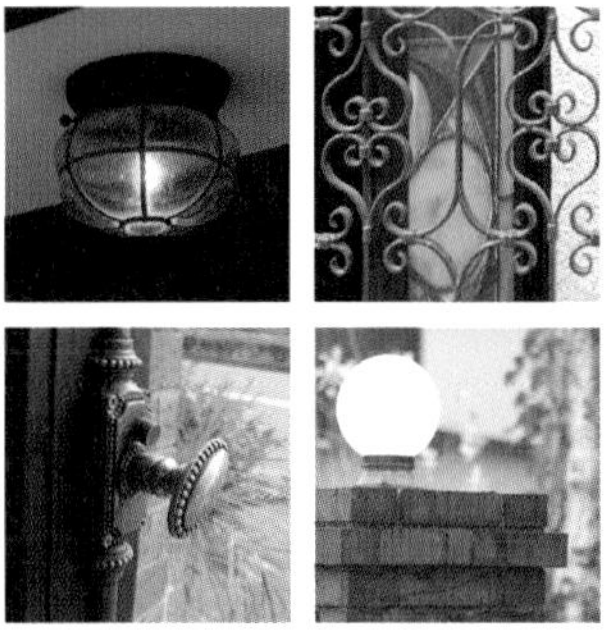

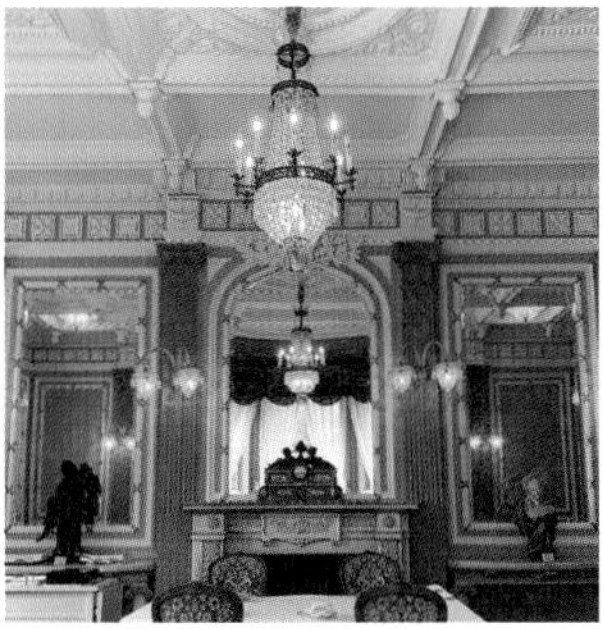

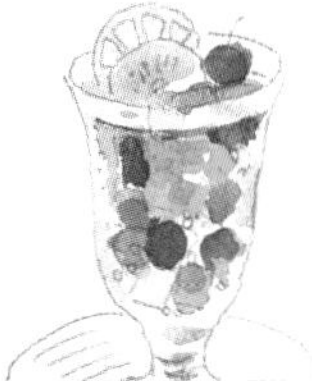

片岡れいこ著

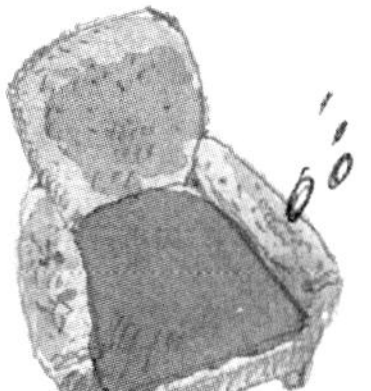

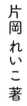

はじめに

ふと通りかかった街角。レトロでモダンな建物や昔ながらの喫茶店を見かけて、どきっとして立ち止まったことはありませんか？　なにか通り過ぎるのがもったいないような気がして…。

本書『京都 レトロモダン建物めぐり』には、京都に佇む宝石のような59の建物たちが凝縮されています。

数々の神社仏閣、風情ある町家など、和のイメージが強い古都・京都ですが、実は明治・大正時代からの歴史ある洋館がたくさん残っています。また意外にも、昔から京都の人はコーヒーが大好き。長く愛されてきた老舗喫茶店もいっぱいです。

この本は読んで楽しめるのはもちろん、まだ知らない素敵な建物に出会うために、実際に持ち歩ける「使って楽しいガイドブック」を目指しました。気になる建築家の建物ツアーを組んでみるのもいいですし、観光名所と併せてその近くの文化財やお店に寄るのも楽しいはず。「あのカフェに行ってみたい！」という気持ちから、建物そのものへの興味が花開くかもしれません。あなたの建物めぐりの相棒として、好奇心が羽ばたくきっかけとして、自由に使いこなしていただければ幸いです。

京都のレトロモダン建築豆知識

本書に出てくる有名建築家3名と、建物の番号

辰野金吾	1854～1919　佐賀県唐津市出身／日本銀行本店や東京駅などを手がけ、「日本近代建築の父」と称された。	…16 19 20 ※レプリカ復元含む
武田五一	1872～1938　広島県福山市出身／京都大学工学部建築学科を創立。「関西建築界の父」とも呼ばれた。	…02 24 27 28 30 47 ※監修含む
ウィリアム・メレル・ヴォーリズ	1880～1964　アメリカ出身／英語教師として、滋賀県近江八幡市に来日。現・近江兄弟社の創設者のひとり。	…11 31 41 44 53 55 59 ※ヴォーリズ建築事務所含む

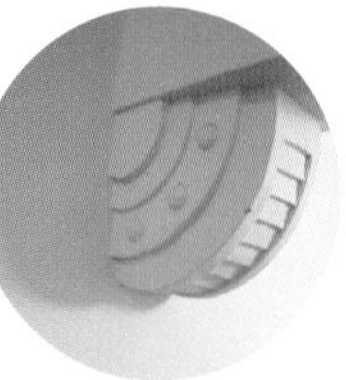

この本の使い方

この本は、京都市内の建物分布エリアを、大きく4つに分けて紹介しています。
＊P7の「京都市広域マップ」上に、建物の分布エリア4つを表示しています。
＊各エリアの最初のページに、より詳細な建物エリアマップを掲載しています。
＊建物エリアマップ内の番号と、紹介ページの建物の番号を照らし合わせて探すことができます。

【建物の番号】

各エリア冒頭の建物エリアマップの場所と照らし合わせて建物のある場所を確認してください。

＊建物紹介ページ

【インフォメーション欄】
建物の建築年や設計者、所在地、施設や店舗の電話番号、営業・公開時間、定休・休館日などを掲載しています。

【茶色い縁取りのページ】

昔ながらの喫茶店としてぜひ訪ねたいお店を紹介したページです。

【アイコン】
カフェや飲食店。あるいは、飲食設備がある施設や店舗
ホテルなど、宿泊設備のある施設

【文化財指定・登録】

文化財として指定・登録を受けている建物については、インフォメーション欄に以下の表示をしています。
※国指定の重要文化財については、施設名称部分にも表示しています。

［重文］国指定重要文化財
［国登］国登録有形文化財
［京指］京都市指定有形文化財
［京登］京都市登録有形文化財

【建物の紹介文】

建物としての価値や歴史、設計やデザインの魅力や見どころなど、建物自体のことをメインに紹介。写真と併せて、実物の雰囲気を存分に伝えています。現在の施設や店舗としてのサービスなどの情報も掲載しました。


【注意】

本書の情報は、2021年1月のものです。ゴールデンウィークや夏期・年末年始の特別期間、および新型コロナウィルス感染防止対策などの影響により、営業・公開時間や定休・休館日などが記載と異なる可能性がありますので、お出かけの際にはHPなどで必ず事前にご確認ください。

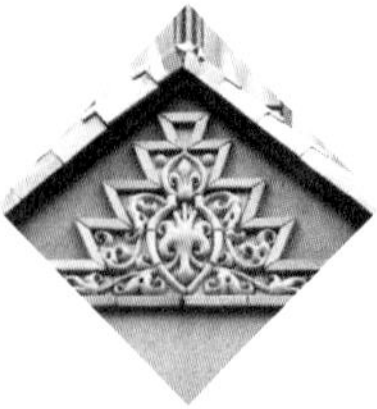

もくじ

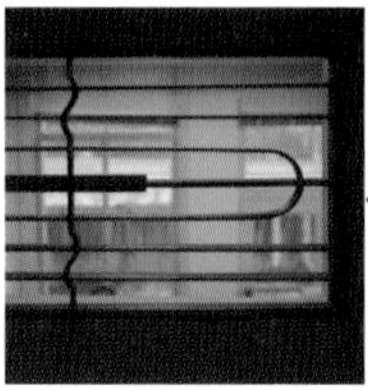

京都市広域マップ

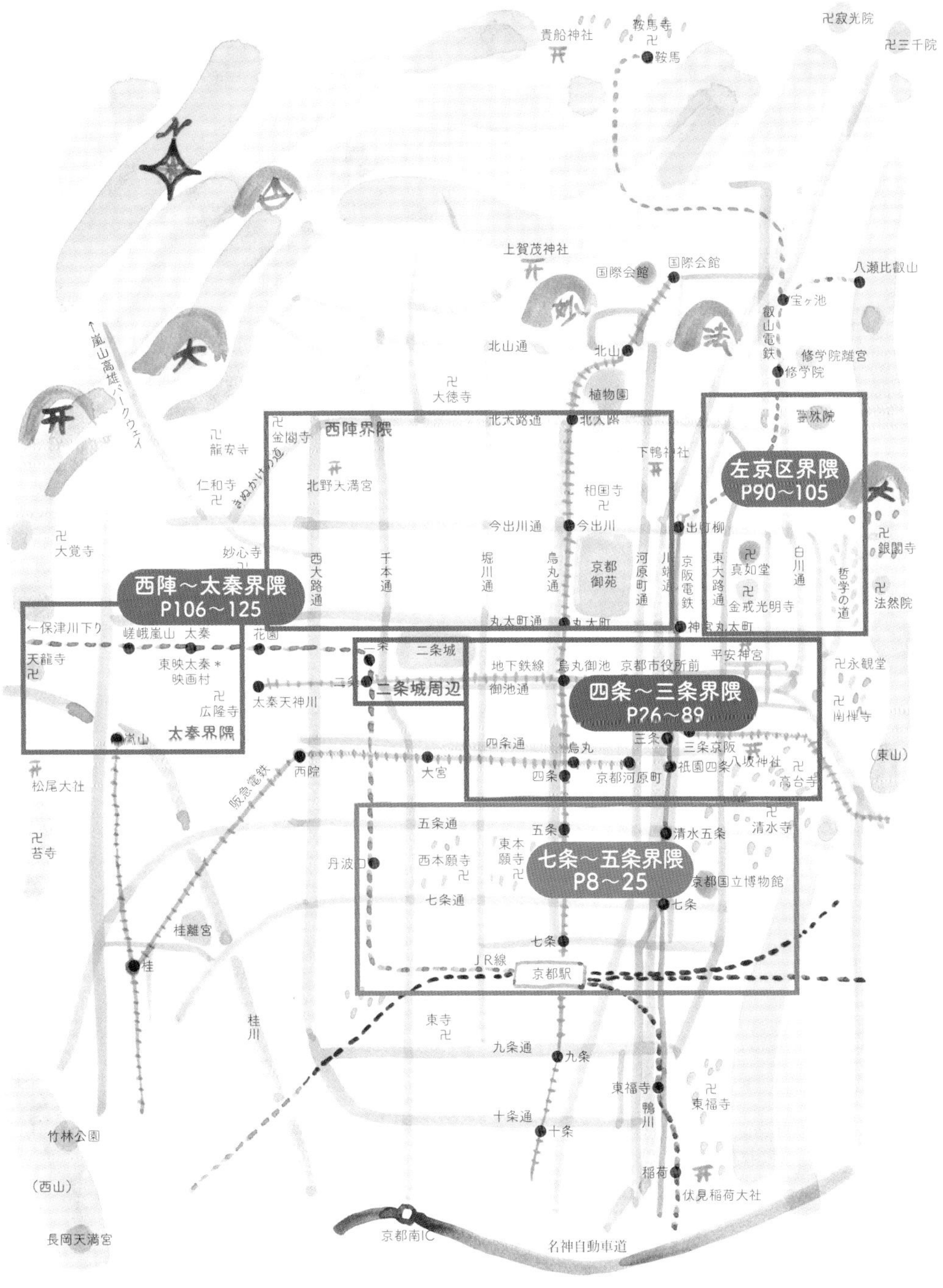
貴船神社
鞍馬寺
鞍馬
寂光院
三千院
上賀茂神社
国際会館
国際会館
八瀬比叡山
宝ヶ池
叡山電鉄
修学院離宮
修学院
北山通
北山
大徳寺
植物園
↑嵐山高雄パークウェイ
西陣界隈
金閣寺
北大路通
北大路
下鴨神社
左京区界隈
P90～105
詩仙堂
龍安寺
きぬかけの道
北野天満宮
仁和寺
相国寺
今出川通
今出川
出町柳
大覚寺
妙心寺
西大路通
千本通
堀川通
烏丸通
京都御苑
河原町通
川端通
京阪電鉄
東大路通
真如堂
白川通
哲学の道
銀閣寺
金戒光明寺
法然院
西陣～太秦界隈
P106～125
←保津川下り
嵯峨嵐山
太秦
花園
丸太町通
丸太町
神宮丸太町
天龍寺
東映太秦映画村
一条
二条城
二条
二条城周辺
地下鉄線
烏丸御池
京都市役所前
平安神宮
永観堂
御池通
四条～三条界隈
P26～89
南禅寺
広隆寺
太秦天神川
太秦界隈
嵐山
三条
三条京阪
四条通
烏丸
八坂神社
祇園四条
(東山)
松尾大社
阪急電鉄
西院
大宮
四条
京都河原町
高台寺
五条通
五条
清水五条
清水寺
苔寺
東本願寺
西本願寺
丹波口
七条～五条界隈
P8～25
京都国立博物館
七条通
七条
七条
桂離宮
JR線
京都駅
桂
桂川
東寺
九条通
九条
東福寺
東福寺
鴨川
十条通
十条
竹林公園
稲荷
伏見稲荷大社
(西山)
長岡天満宮
京都南IC
名神自動車道

七条～五条界隈

京都の街は、とてもコンパクト。
京都駅から歩いてすぐの
七条通周辺には、
観光名所や素敵な建物が充実している。
まずはここからスタートして、
清水寺近辺まで足を延ばしてみては？
アクセス便利な京都駅前から
電車やバスや自転車に乗って、
お目当てのエリアに移動しても。

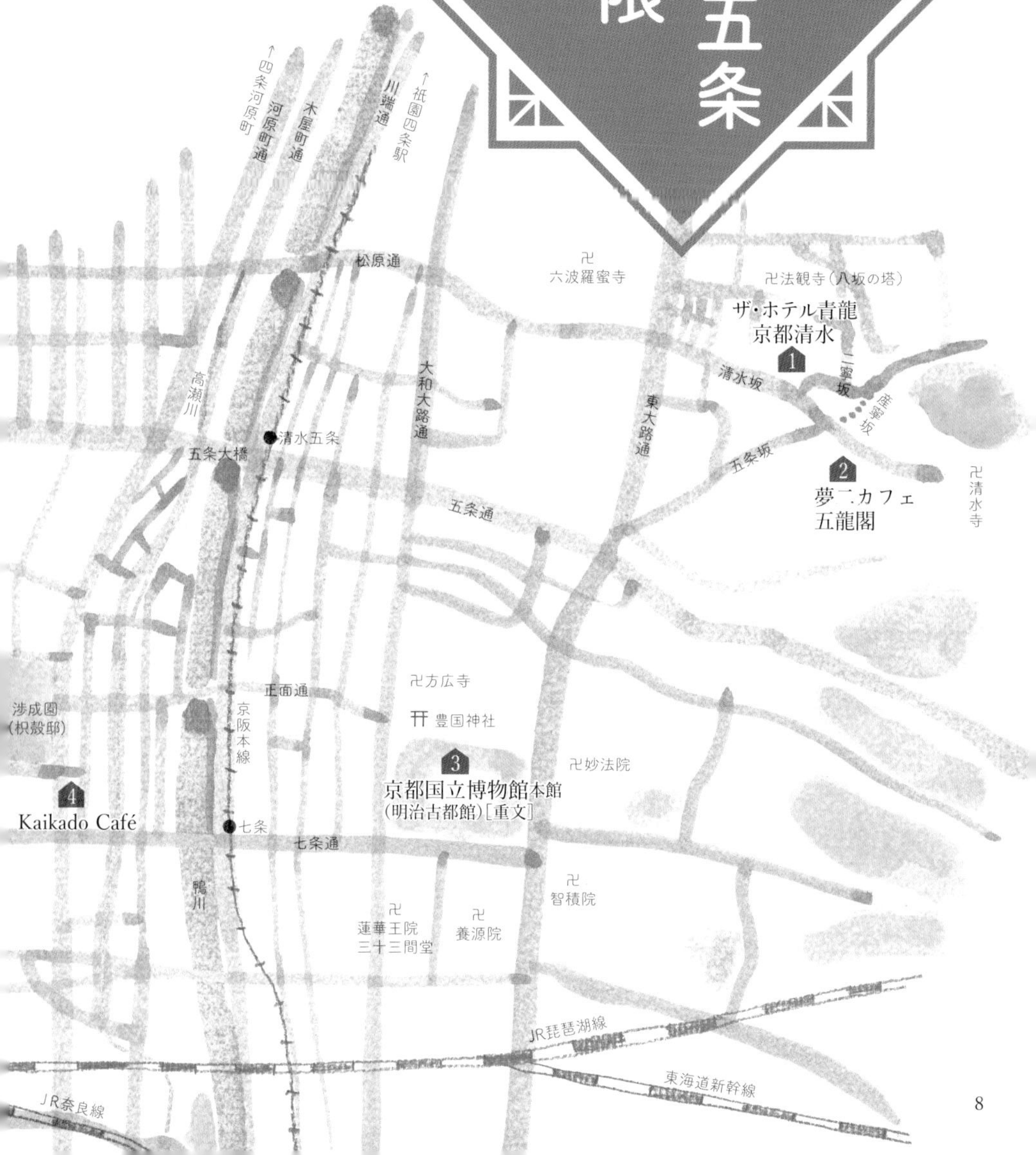

1
「ザ・ホテル青龍 京都清水」屋上バーからは、
法観寺の八坂の塔や五山送り火も見渡せる。

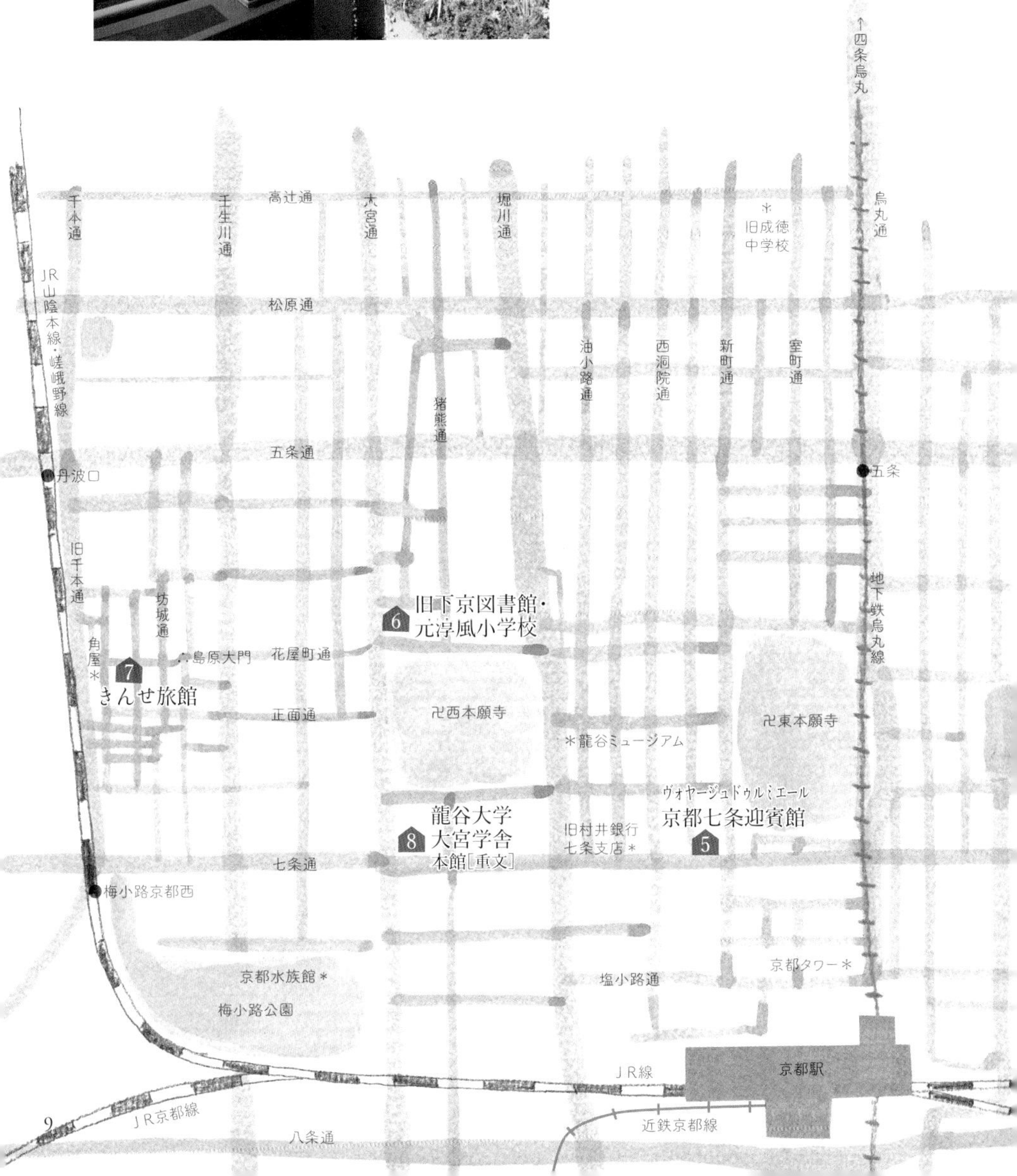

＊写真提供：ザ・ホテル青龍 京都清水

ザ・ホテル青龍 京都清水（元清水小学校）

元小学校の記憶をとどめながら未来へとつなぐヘリテージホテル

学校、ことに小学校の校舎は、どうしてあんなに懐かしさを覚える場所なんだろう。「ザ・ホテル青龍 京都清水」の敷地に足を踏み入れた時、だれもがきっと始業や終業のチャイムが流れてくるような感覚に襲われるに違いない。

１８６９年（明治２）に開校し、１９３３年（昭和８）にこの清水に移転新築された元京都市立清水小学校。外観装飾や内装を高く評価されてきた小学校の、歴史的価値のある校舎を活用して２０２０年（令和２）に開業した「ザ・ホテル青龍 京都清水」。２階講堂を利用したレストランや、教室をコンバージョンした客室などの「空間」のほかに、梁や柱、アーチ窓などの「構造」、郵便ポストや照明などの「意匠・設備」まで、その記憶は大切に保存継承されている。

01

The Hotel Seiryu
Kyoto Kiyomizu

生徒の心や頭を表現している
という愛らしい陶芸たち。

階段などの共用部には当時をしのばせる装飾も多く残され、新しく張り替えたタイルさえもしっくりなじんで。ホテルでありながら、誰しもが小学生だった昔を懐かしく思い出す。

一般客も利用できる2階の「restaurant library the hotel seiryu」。天井の伸びやかさは、かつて講堂だった証。

＊写真提供：ザ・ホテル青龍京都清水

当時の軒下装飾も復元保存。新しくつくられた渡り廊下から鑑賞できる。

外壁には、時計を外した壁の変色跡をあえて残していたり。

敷地中央の大階段上のテラス席で、季節や時間により移り変わる風景を楽しむ。

ゲストラウンジの抹茶のお点前とコーヒーミルの豆挽き体験。ちょっと理科の実験気分で。

管理人のコメント

ホテルでありながら、卒業生や地元の人がいつでも帰れるように。観光に来た人も、懐かしい子どもの頃の記憶を呼び覚ましてもらえるように。そんな町の一部として親しまれる存在でありたいと願っています。

小学校だった頃の支柱や梁がそのまま活かされた廊下。白い壁と腰板、高い天井、せり出した柱…

まるで、放課後の校舎の中を歩いているような不思議な感覚。

「大人の修学旅行」にふさわしい建物、ロケーション、想い

古いものだけを活かしているわけではない。例えば、補修したタイルもあれば、張り替えたものもある。中央に縦線を入れた窓枠は、昭和8年当時を再現してつくった。客室の内装は、建物全体との調和を考慮したシンプルモダンに。講堂だったレストランに「ライブラリー」という名前をつけ、多数の書物に囲まれたインテリアにしてみたり。そういう新しいものへの工夫と挑戦が、ホテルの随所に表れていて楽しい。

また法観寺境内にそびえる八坂の塔が間近に望めるロケーションだからこそ、客室やバーからの眺望を最大限に活かして設計。かたや、夕陽が美しい大階段上のテラス席でもルームサービスが食べられるのは、清水寺の「日想観」という修行とつなげているとか。ハードとソフトの融合が絶妙なのだ。

かつてここにあった清水小学校は学び舎としてだけではなく、コミュニティの中心施設として地域にとって欠かせない場所だった。その役割と想いをも「継承」し、未来へとつなげていくという自負。訪れる人を懐深く受け入れ、誰もがＶＩＰとなれるようにもてなしてくれる心地よさ。元小学校建築、京都、「ザ・ホテル青龍 京都清水」らしさ。記憶に残り、また来たいと思える極上の大人の修学旅行ができそうな場所だ。

手すりに残る意匠

1階ゲストラウンジ

スーペリアキング
※写真提供：ザ・ホテル青龍 京都清水

朝食イメージ
※写真提供：ザ・ホテル青龍 京都清水

Data 元京都市立清水小学校：1933年（昭和8）建築
設計／京都市営繕課　2020年3月22日開業
Address 京都市東山区清水二丁目204-2
Tel 075 532 1111
Open 2階レストラン「restaurant library the hotel seiryu」
朝食7:00～10:00（LO）軽食・喫茶12:00～15:00（LO）
※昼夜はオーダーメイド式の貸切可（要予約）

当時の落書きもそのままに。

夢二カフェ　五龍閣（旧松風嘉定邸）

清水寺門前に溶け込む瓦屋根の大正ロマンあふれる豪奢な洋館

　観光スポットとして絶大なる人気を誇る清水寺。この門前エリアにしっくりと溶け込むように、鴟尾を載せた瓦屋根が特徴的な和洋折衷の建物がある。五龍閣は、清水焼窯元で明治の起業家・松風嘉定の邸宅として、京都大学時計台などで有名な建築家・武田五一が設計した。外観は天守閣を思わせる壮麗さ、中に入れば華麗さにうっとりとする。この貴重で美しい建築物を気軽に楽しんでもらえるように、現在の五龍閣はアンティークなカフェレストランになった。

　では、店名の「夢二」は？　オーナーの祖父は竹久夢二と親交が厚く、その夢二は二寧坂のなかほどに、最愛の女性・彦乃と一緒に住んでいたことがある。そんな不思議な縁を感じながら、夢二の作品に囲まれて贅沢なカフェタイムを。

02

Yumeji Café at Goryukaku

1階大広間。大きな半円形の窓すべてに、菊の花びらを形取ったステンドグラスがあしらわれる大胆なデザイン。

贅沢に光を取り入れたサンルームの欄間窓には、自由に戯れる小鳥たちのステンドグラスが。存分に物思いにひたって、穏やかな時間が過ごせそうな空間だ。

広間でひときわ存在感を放つ重厚な暖炉は、大理石製という豪華さ。

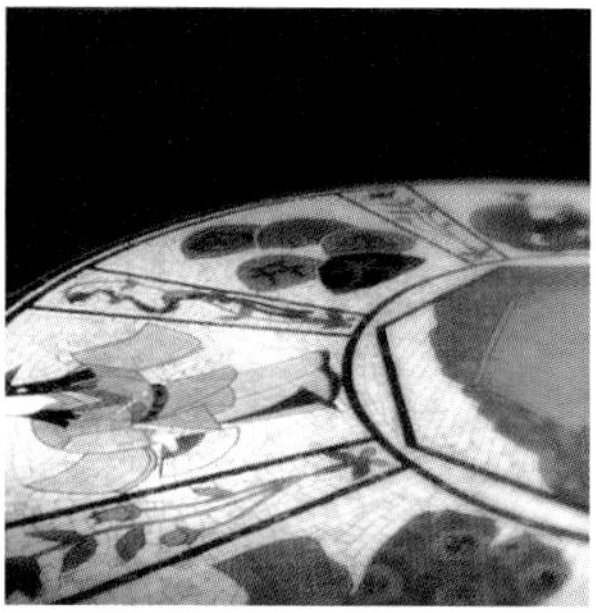

豪奢な八角形のテーブルには、京都の文化を艶やかに描いたモザイク画が。

3階まで見渡せる吹き抜けの階段室。木の温かみと空間の広がりが見事。

Data 旧松風嘉定邸：1921年（大正10）建築［国登］
設計／武田五一
Address 京都市東山区清水寺門前清水 2-239
Tel 075 541 7111
Open 11:00〜14:00（LO）・15:00（閉店） 不定休

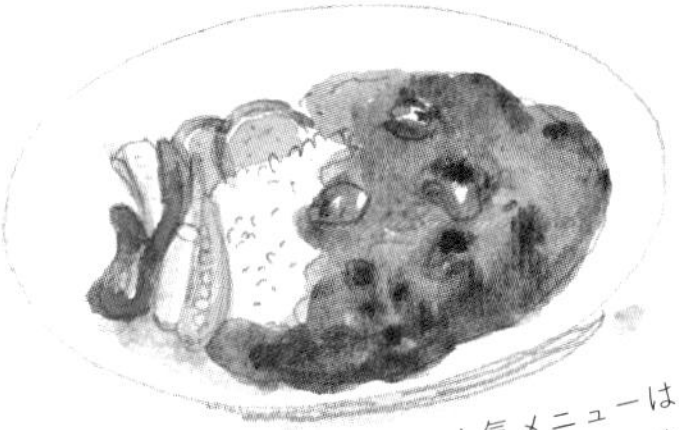

人気メニューは、季節の素材と厳選スパイスを使った京野菜カレー。

京都国立博物館 本館（明治古都館）［重文］

威風堂々、東山七条にそびえ立つ「文化財を抱く」文化財の大宮殿

有名社寺が点在する東山七条、その広大な一角を占める京都国立博物館は、さながら赤レンガ造の大宮殿。エリアのランドマークである。「明治古都館」と名づけられた本館をはじめ、大和大路通に面した表門（正門）と札売場（当初のチケット売場）、それに続く袖塀までもが、国指定の重要文化財。陳列館として始まった歴史、建物内に収蔵する文化財含めて、未来へ受け継いでいくべき文化財の名にふさわしい。

現在は改修中で、この先数年間は建物内部を見ることはできないものの、明治西洋建築の技法が具現化した外観だけでも見どころは多く、繊細かつ華麗なディティールは「あ、ここも!」というような発見に満ちている。ぜひ観覧の折には、時間に余裕を持って訪れてほしい。

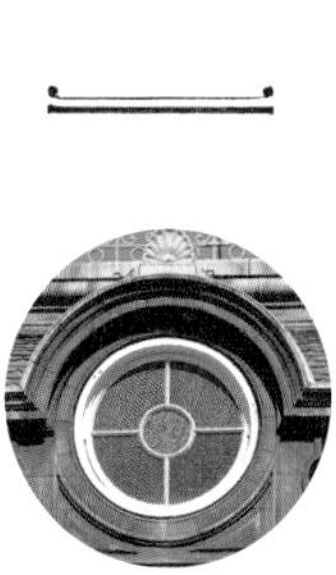

03

Kyoto National Museum

CMにも使われたという表門。

展示物が主役となるように、内部は漆喰の白が基調。中央ホール周囲の壁に巡らされた20本の独立柱は、実は木製。天窓からは、当初はガラス越しに柔らかな光が差し込んでいた。

正面玄関の破風飾りは中央に菊花紋、左右に仏教の美術工芸の神である毘首羯磨と伎芸天をあしらった凝ったもの。

緩やかなカーブを描く鱗葺きドーム屋根。棟飾り先端の避雷針まで美しく。

外観だけでも、いたるところに手の込んだ優美な装飾が見つけられる。

メダリオンと迫持が取りつけられた扉の上。破風飾りが実に豪華絢爛。

Data 本館（明治古都館）：1895年（明治28）建築［重文］ 設計／片山東熊
Address 京都市東山区茶屋町527
Tel 075 525 2473（テレホンサービス）
Open 9:30〜17:00（入館は16:30まで）毎週月曜、年末年始休み、臨時休館あり
※現在は改修中のため、内部の見学不可
・併設：「前田珈琲」京博店

＊写真提供：京都国立博物館

風窓も優美なデザイン。

Kaikado Café
（カイカドウ カフェ）

40年の眠りから蘇った元市電の詰所
明治8年創業の老舗が営む文化財カフェ

河原町通に面した大きな窓が開放的な、渋い外観のカフェ。美しい銅製の茶筒で有名な老舗「開化堂」が、2016年にオープンした。

開化堂の工房近くにあった「旧内濱架線詰所」は、もともと京都市電の事務所兼詰所であった。使命を終えてから40年も放置されていた建物を買い取り、カフェとして魂を吹き込んだ。ライトの傘やショーケースに銅板が使われ、日本茶など茶筒に入れて保管する飲み物がメイン。いたるところに開化堂らしさが見て取れる。経年劣化ならぬ、経年「進化」。使いこまれるほどに味が出る開化堂の茶筒のように、建物そのものも重ねてきた年月の風合いそのままに活かされている。インテリアも次第に深みを増していくだろうカフェだけに、通うのが楽しみになる。

04

Kaikado Café

窓側に座り、市電が走っていた頃に思いを馳せながら。

表の河原町通から、市電が建物の車庫の中に入っていたのだろう。開放的な天井の高さや窓の大きさが、ここに車両がおさめられていたことを物語る。

イギリスから伝わってきたブリキをいち早く取り入れた茶筒は、開化堂創業当時からのオリジナル。

いまではつくれない階段の取っ手や分電盤。壁や床もそのままに。

2階は、当時のままの壁面を活かして。展示会などのスペースになっている。

デンマークのデザイナーが手がけた内装。真鍮や銅製ポットがアクセント。

Data 1927年（昭和2）建築［国登］
2016年5月開店
Address 京都市下京区河原町通七条上る住吉町352
Tel 075 353 5668
Open 11:00～18:00（LO） 木曜、第1水曜休
※臨時休業あり。最新情報は、HPやSNSで要確認

四季折々のお茶とあんバタのセット。コーヒーなら中川ワニ珈琲。

階段はそのままの形で裏玄関に

元金庫のノブ

ヴォヤージュドゥルミエール 京都七条迎賓館 （旧鴻池銀行七条支店）

重厚でクラシカルな銀行建築が 変遷のすえ一棟貸切の結婚式場に

京都駅から歩いて5分ほど。七条西洞院のバス停近くに、こじんまりとした洋館が。明治の一代財閥・鴻池家が設立した鴻池銀行（現・三菱東京UFJ銀行の前身のひとつ）、その七条支店がこの洋館の正体だ。正面の縦に長いアーチ窓が特徴の昭和初期の銀行建築で、軒回りの装飾もエレガント。クラシカルかつモダンな印象だが、一時期「若林仏具製作所」として使われ、その当時の外観は濃い灰色に塗られていたそう。

現在は、吹き抜け部分に2階をつくり、床に奈良の銘木を使った落ちついたチャペルに再生。金庫や階段などは当時のままで、歴史的な建物で挙式ができる一棟貸切の式場として人気を博している。1階のレストランは、平日なら結婚式以外でも団体で利用できるとのことだ。

Data 旧鴻池銀行七条支店:1927年（昭和2）建築［国登］　設計／大倉三郎（宗建築事務所）
Address 京都市下京区七条通新町西入る夷之町 704（旧グランヴェルジュ京都七条倶楽部）
Tel 075 352 3005　**Open** 10:00 ～19:00　水曜定休

06

Shimogyo Library
Junpu Elementary School

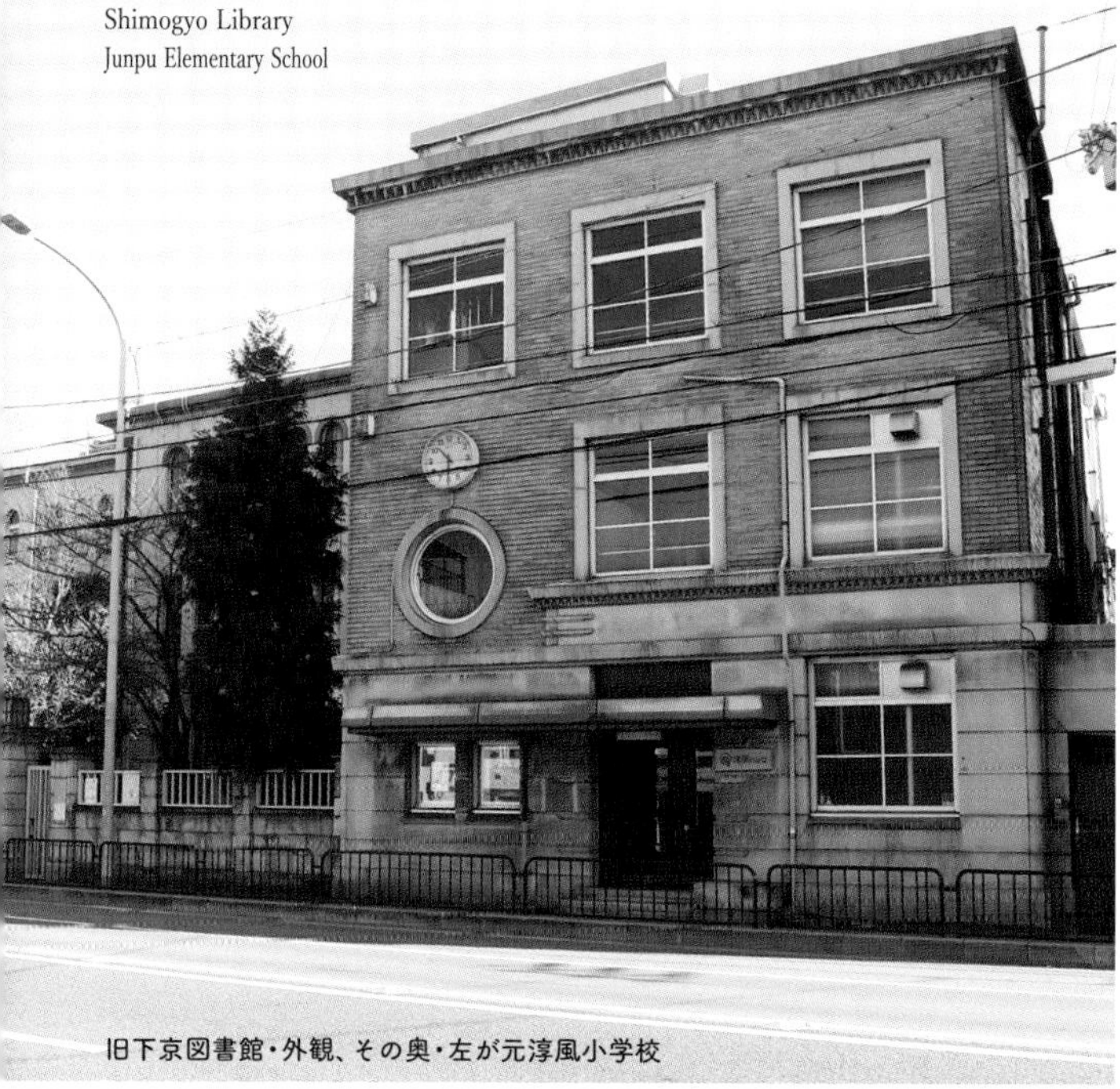
旧下京図書館・外観、その奥・左が元淳風小学校

旧下京図書館・階段

元淳風小学校・外観

旧下京図書館・元淳風小学校

七条大宮からほど近く、対のように並ぶかつての学びの施設たち

七条大宮から少し上がったところに、ふたつの古い建物が並んでいる。昭和56年から平成13年まで現役だった旧下京図書館は、大正から昭和初期の間にコミュニティ施設として建てられた。庇や窓台で水平線を強調し大きな丸窓を配しているのは１９３０年代前後の流行デザインだとか。２０２０年６月、室内意匠もそのままに改修され、スタートアップ企業等が入居するオフィス「淳風 bizQ」として蘇った。また、元淳風小学校は２０１７年３月に学校としての役目を終え147年の歴史に幕を閉じたが、現在も地域活動の拠点としての役割を担いつつ、時には文化・芸術活動の場として活用されることも。年を経たかつての学びの施設が、いまなお若い人や地域の方々に愛されていることに安心する。

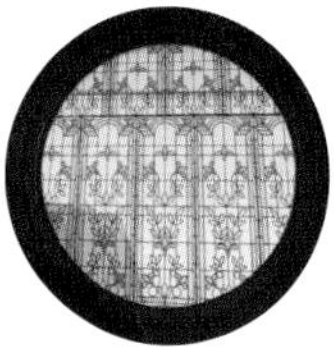

Data 旧下京図書館：建築年不詳、2019 年リノベーション（現「淳風 bizQ」） 元淳風小学校：1931年（昭和6）建築 Address 旧下京図書館：京都市下京区大宮通花屋町上る堀之上町 540 元淳風小学校：京都市下京区大宮通花屋町上る柿本町 609-1 ※現在内部は非公開

写真提供：渡辺健人

きんせ旅館

ステンドグラスを散りばめた艶やかで華やかな元・揚屋建築

新選組も足しげく通い、「東の吉原、西の島原」と称されたほど格式の高い花街・島原。その艶やかさを凝縮した建築物が、きんせ旅館である。

もとは揚屋という、江戸期の宴会サロン的な建物。現オーナーの曾祖母の代に買い取られ、旅館として改築。現在では再度のリニューアルを経て、2階が1日1組限定の旅館、1階が薫り高いコーヒーが自慢のカフェ＆バーとして営業している。建物内の美しさ、特に大正の改築時のステンドグラスは圧巻の一言。菊やバラ、蝶や鳳凰などの様々なモチーフが館内のあちこちを彩り、まるで宝石のよう。かと言って決して敷居が高いわけではなく、近所の人が集い、お客様が持ってきてくれたご主人の好きな猫グッズにあふれる親しみやすさも魅力の空間なのだ。

07

Kinse Ryokan Inn

玄関の床は色も形もとりどりの泰山タイル。

古い町家の格子戸を開けると、レトロな世界へタイムスリップ。牡丹のステンドグラスと、金色の鹿の置物がお出迎え。美しい床のタイルにはファンが多い。

バーカウンター越しに眺める、自然や鳥のステンドグラスからは木漏れ日が差す。いつまでも飽きない空間。

トイレに敷き詰められたタイルまでもが華やかで、心が浮き立つ。

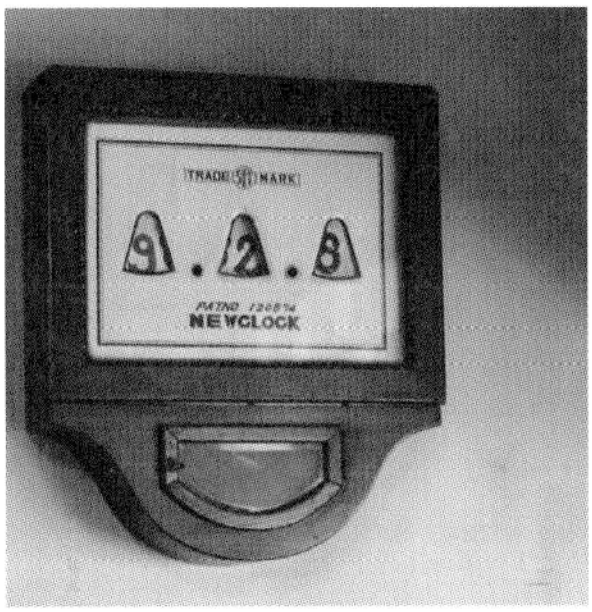

レトロな時計。え〜っと、9時28分？
数々の調度品々にも遊び心が。

旬の素材を取り入れた日替わりケーキ。毎日何が届けられるのか楽しみ。

Data 江戸末期（1765年／明和2頃）建築
2009年リニューアルオープン
Address 京都市下京区西新屋敷太夫町80
Tel 075 351 4781
Open カフェ・バー：17:00 〜 24:00　火曜休
※営業時間など、最新情報はTwitterで要確認

キャンドルやドアノブも愛らしい。

大宮キャンパスのシンボル的な存在・本館。両翼の北黌・南黌と共に、腕を広げて迎え入れてくれるような安心感。※すべて［重文］

本館２階の講堂。天井に使われているのは金襴織りのクロス。

西洋的なモチーフを模してつくられた、講堂の柱頭の彫刻。

龍谷大学　大宮学舎　本館

西本願寺隣接の地に佇む
気品ある白亜の「疑洋風建築」

龍谷大学の歴史は、1639年（寛永16）、西本願寺に設けられた僧侶の教育機関「学寮」として始まり、明治の学制改革で大教校となる。創設の地に佇む大宮学舎は、1879年（明治12）年に講堂として本館が、寄宿舎として北黌（ほっこう）・南黌（なんこう）が建てられた。現在では、国の重要文化財に指定されている。

「仏教系の大学に洋風建築？」とちょっと意外に思われるかもしれない。当時は明治初期、まだ洋風建築の技術が日本に浸透する以前。この本館は「擬洋風建築」と言われ、石の柱が立ち並び、窓がアーチを描く優雅な外観は、まるで石造やレンガ造のような印象を受けるが、実は石材を柱など

大宮学舎の近くにある龍谷ミュージアムでは、ユニークな仏教の世界に触れることができる（有料）　＊写真提供：龍谷大学

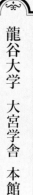

当時の姿をしのばせる窓辺の光景。

階段の親柱にも、明治洋風建築の粋を集めた彫刻がふんだんにあしらわれている。

金色に輝く紋は、「六つ藤」と呼ばれる大教校時代の校章。

の木造部分に貼りつけたもの。日本の伝統的な技術を使い、懸命に洋風建築を模しているのだ。この「木造石貼り」が現存するのは、いまでは本館のみである。

さらに、屋内の装飾も一見洋風だが、細部までよく見ると菊や桐などの植物、雲など和の意匠が多用されていておもしろい。明治初期の建築文化を伝え、日本の職人たちの苦労と努力、そして誇りが感じられる貴重な遺構である。

5年の月日をかけた全面解体修復が、1997（平成9）年に完成。残念ながら建物内には入れないが、新しいヨーロッパと伝統的な日本が混じりあった不思議な優美さは、外からでも存分に味わえる。また、内部を見るには意外な方法も。大宮学舎の歴史的な風情は、数多くの映画やドラマのロケ地として愛されているのだ。龍谷大学ホームページで撮影協力した作品が紹介されているので、ぜひ映像の中で存在感を放っている姿を堪能してほしい。

龍谷大学 大宮学舎／京都市下京区七条通大宮東入る大工町 125-1 ※キャンパス内見学自由。ただし、建物内部は非公開

四条〜三条界隈

琵琶湖疏水
平安神宮
＊ロームシアター京都（京都会館）
岡崎公園
二条通
京都府立図書館 28
京都市京セラ美術館 29
京都市動物園
平安神宮大鳥居
京都国立＊近代美術館
仁王門通
30 藤井斉成会有鄰館第一館
南禅寺→
神宮道
岡崎通
＊島津製作所日本社ビル
琵琶湖疏水
高瀬川
河原町通
木屋町通
京阪本線
三条大橋
三条
三条京阪
三条通
東山
地下鉄東西線
蹴上駅→
粟田口神社
37 六曜社珈琲店
＊先斗町歌舞練場
川端通
鴨川
東大路通
青蓮院門跡
白川
33 立誠ガーデンヒューリック京都
辰巳神社
知恩院
先斗町通
築地 36
喫茶ソワレ 35
10 レストラン菊水
将軍塚
京都河原町
四条大橋
祇園四条
四条通
八坂神社
円山公園
34 フランソア喫茶室
11 東華菜館本店
＊南座
大和大路通
花見小路通
9 長楽館
＊京都髙島屋
13 壽ビルディング
＊祇園甲部歌舞練場
圓徳院
高台寺
建仁寺
安井金毘羅宮
12 大傳梅梅
青龍寺
八坂通
法観寺（八坂の塔）
六道珍皇寺
松原通
↓清水五条駅
六波羅蜜寺

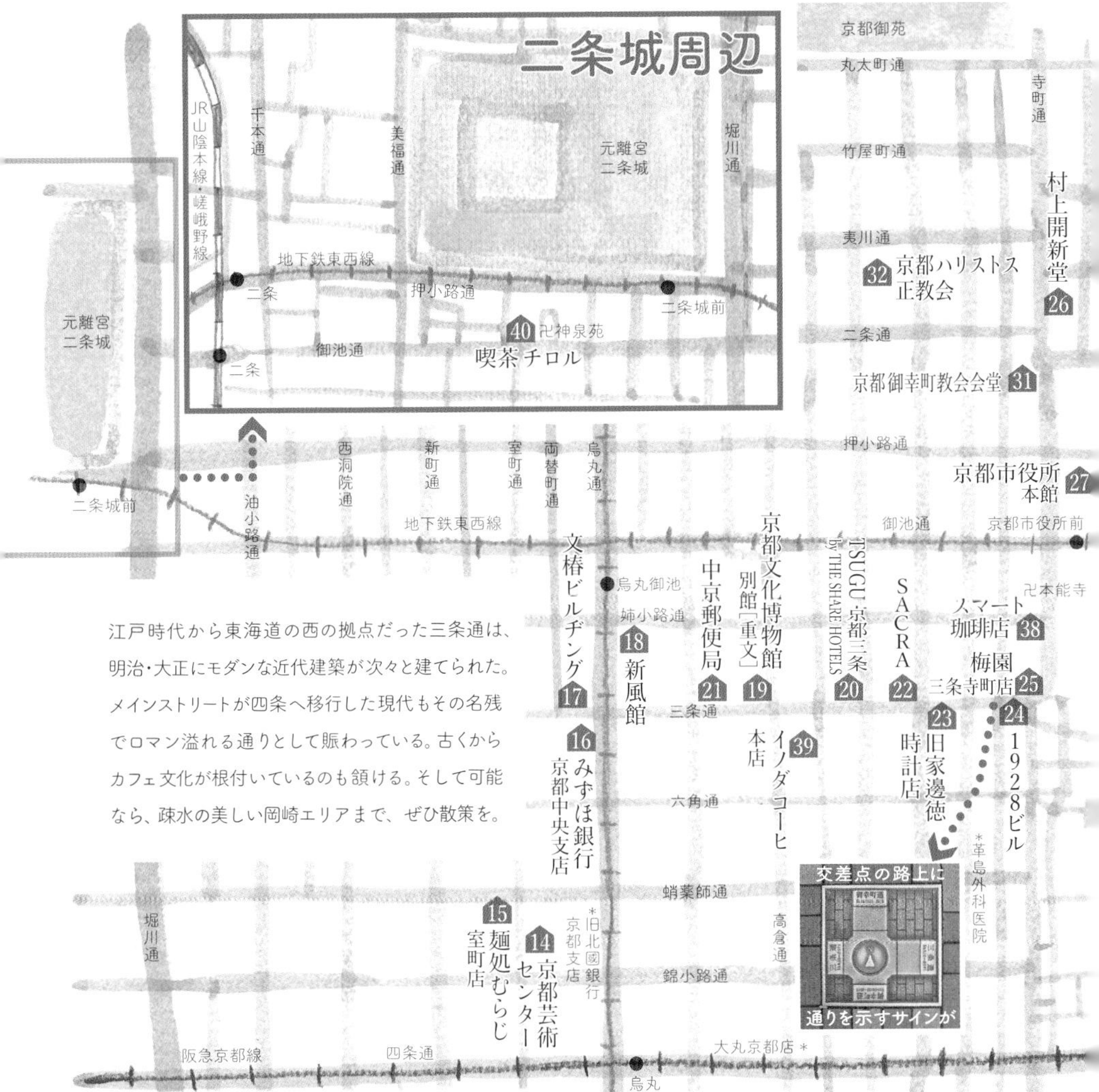

江戸時代から東海道の西の拠点だった三条通は、明治・大正にモダンな近代建築が次々と建てられた。メインストリートが四条へ移行した現代もその名残でロマン溢れる通りとして賑わっている。古くからカフェ文化が根付いているのも頷ける。そして可能なら、疎水の美しい岡崎エリアまで、ぜひ散策を。

11「東華菜館」屋上から、四条大橋を経て鴨川、10「レストラン菊水」、「南座」を望む。

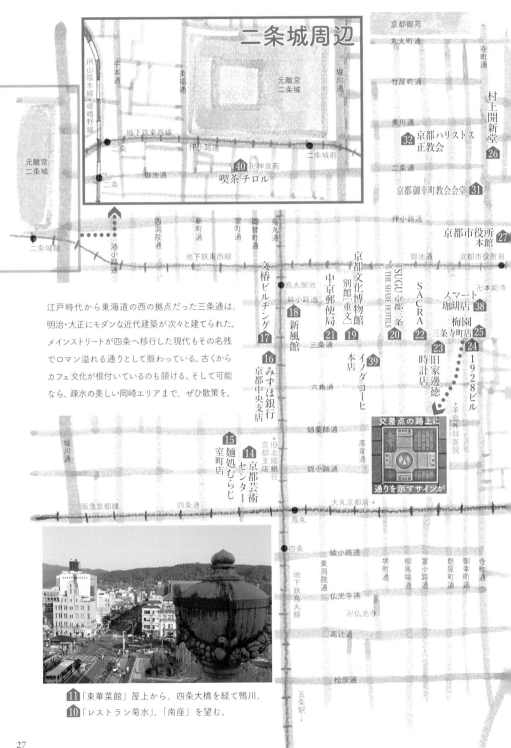

＊写真提供：長楽館

長楽館

「煙草王」と呼ばれた村井吉兵衛の迎賓館にふさわしい芸術様式の宝庫

円山公園の祇園しだれ桜を鑑賞しに行ったことのある人なら、そのすぐ向こうに優雅な佇まいの洋館があるのに気がついたのではないだろうか。「煙草王」と呼ばれた実業家・村井吉兵衛が、1909年（明治42）に別邸兼迎賓館として建設したのが、この「長楽館」。名づけ親である伊藤博文、大隈重信や山縣有朋といった明治の元勲をはじめ、これまでに国内外の数々の賓客を迎え、華やかにもてなしてきた美しい館は、まさに贅を尽くしたもの。「西の鹿鳴館」とも称されたのも納得で、豪華絢爛という言葉が実によく似合う。設計者のアメリカ人建築家・ガーディナーは美術史を学んでいた人だそうで、芸術様式の宝庫と言える作品が、現在、贅沢にも私たちをカフェやレストランとしてもてなしてくれる。

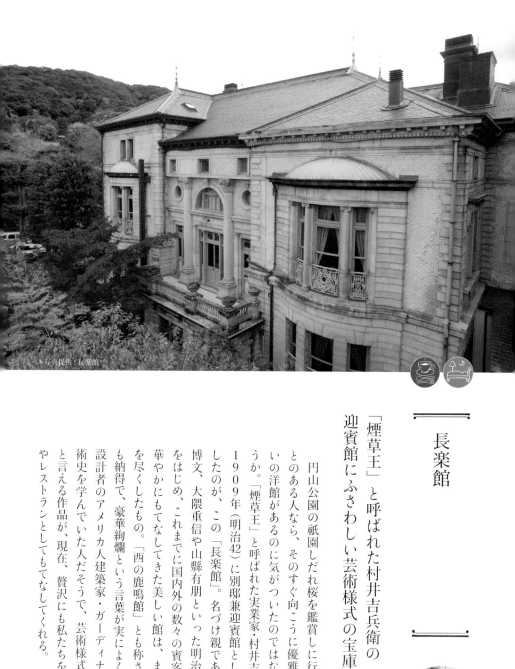

デザートカフェで
人気のミルフォイユ。

＊写真提供：長楽館

迎賓館だった頃の格調の高さは、優雅なカーブを描く手すりや深紅の絨毯など、階段周りにも伺える。

建物外観はルネサンス風で、イオニア式の門柱を用いた3階建。重厚な扉を入るときらびやかな空間が広がり、振り返るとまた、ステンドグラスや金物細工の装飾が美しい。

ロココ様式の元応接室・迎賓の間は、アフタヌーンティー専用ラウンジ。

ヴィクトリア調のネオ・クラシック様式の元食堂は、フレンチレストランに。

観葉植物あふれるサンルームだった部屋は、スイーツブティックに。

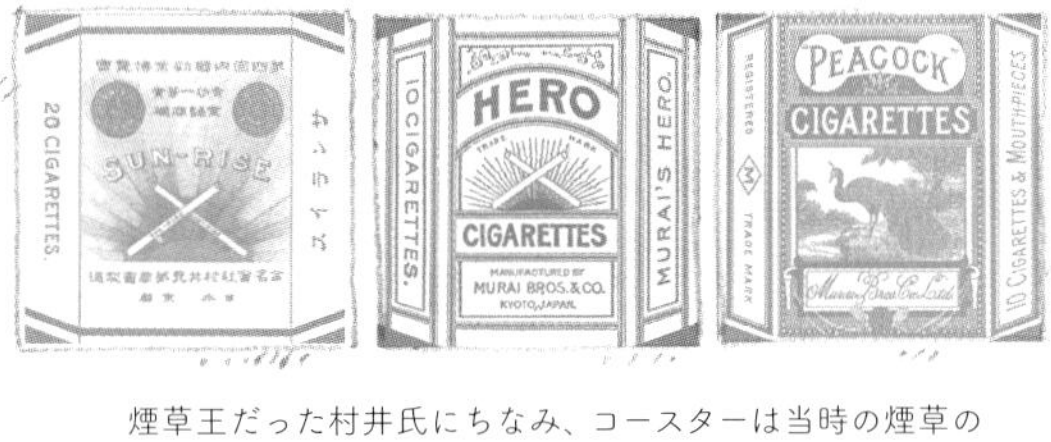

煙草王だった村井氏にちなみ、コースターは当時の煙草のパッケージをデザイン。いちばん左が、1891年（明治24）に売り出した日本初の両切り紙巻き煙草「サンライス」。

オーナーのコメント

村井吉兵衛なくして、この館は語れません。「別邸のルーツを大切にして、京都に役立つ館をつくりたい」という村井氏の思いや、その時代の文化を大切にして、当時の面影そのままに引き継いでまいります。

訪れた賓客たちの笑いさざめく声が、いまも聞こえてきそうなロビー。重厚な木の力強いアーチや艶めく石の柱など、どれをとっても美しく、まさに京都の迎賓館の顔と言える。ソファやピアノからも、歴史の息遣いが伝わってくる。

歴史ある調度品に囲まれて貴婦人気分でティータイムを

いろんな方に当時の面影を伝える建物と華麗なる歴史を楽しんでほしいと、長楽館は現在カフェになっている。ゆったりと流れる時間と共にコーヒーやスイーツを味わう、非日常へのショートトリップができる。

カフェとして使われているのは7室。1階の迎賓の間、球戯の間、2階の美術の間、喫煙の間、貴婦人の間、鳳凰の間、接遇の間。名前を聞くだけでもわくわくしてしまう上に、それらすべての様式や趣向が異なるという贅沢さ。例えば貴婦人の間は、村井の妻・宇野子が過ごした女性らしい印象の部屋。富の象徴だった鏡が壁面に配され、円山公園の眺めと朝日が美しい。喫煙の間は、イスラム風と中国風のデザインが調和しており、当時喫煙時に使われた、有形文化財の螺鈿の椅子が展示されている。ひとつの建物の中に、こんなにも雰囲気が違う空間が同居しているのだ。しかも桜や紅葉など、四季折々の風景や光によって、同じ場所でもがらっと違う表情を見せるのだとか。

2008年には6室限定のホテル棟もオープンし、通常非公開の3階・御成の間を含め、希望者には本館を詳しく案内してくれるとか。何度も通いたくなる、「長い楽しみ」を魅せてくれる長楽館。今度はあなたがゆっくり迎賓される番かもしれない。

フレンチイメージ

＊写真提供：長楽館

Data 1909年（明治42）建築［京指］
設計／ジェームズ・マクドナルド・ガーディナー
Address 京都市東山区八坂鳥居前東入る円山町604
Tel 075 561 0001
Open・アフタヌーンティー：12:00～18:00（2部制）
・デザートカフェ長楽館：11:00～18:30（LO18:00）
・長楽館ブティック：11:00～18:30
・フレンチレストラン ル シェーヌ：11:30～14:00(LO)、17:30～19:30（LO）

レストラン菊水

四条大橋のたもとに変わらず佇む
1926年築の老舗洋食レストラン

四条・祇園の南座前。建築当時と変わらぬヨーロピアンフォルムで佇む「レストラン菊水」。

初代社長は、当時商っていた瓦煎餅の店舗を改築して、前身の菊水館を開業。「ハイカラな西洋館で美味しい西洋料理を」という想いを10年後に叶え、現在のビルを1926年（大正15）に建築。上海にまで渡って西洋式の料理や建物について勉強し、アール・デコ、スパニッシュなど当時流行の様式をふんだんに取り入れた。1974年には3代目社長が、1階部分を全面ガラス張りのオープン・カフェ形式の画期的なレストラン・パーラーに改築。「お客様に喜びと感動を」という歴代社長の想いが脈々と継承され、いまも昔も変わらない姿の建物は四条大橋のたもとで今日もお客様をお待ちしている。

階段から差し込む光が、壁面に美しい影を落とす。壁も床も当時のまま。どれだけ多くの人がここを通り抜け、利用してきたのだろう。それがいまにつながっている。

3階宴会場は、ひときわ豪華。昭和初期のままのシャンデリアは、天井全体に万華鏡のような光を放つ。

ハイカラな京都人を魅了してきた銅鍋のビーフシチューボルドー風。

2階のレストランでは、落ちついた雰囲気の中で本格フレンチを楽しめる。

気取らず気軽に利用できる1階のレストラン&パーラーはガラス張り。

Data 1916年（大正5）創業、1926年（大正15）建築
［国登］ 設計／上田工務店
Adress 京都市東山区四条大橋東詰祇園
Tel 075 561 1001
Open 平日・日曜 10:00 〜 22:00（LO21:30）、土曜 10:00 〜 23:00（LO22:30） 無休

1階の外壁を見上げると、ガーゴイルのような陶製の人面像が。よく見ると、舌を出してる！

東華菜館 本店

海の幸、山の幸のレリーフも美しい
ヴォーリズ生涯唯一のレストラン建築

京都市外から訪れる人たちが最初に目にする歴史的建造物のひとつ、「東華菜館本店」。中心部・四条河原町からすぐ、四条大橋の西詰に建つスパニッシュ・バロックの黄褐色の洋館は、1926年（大正15）竣工。前身である西洋料理店「矢尾政」の店舗として、教会建築等で有名なウィリアム・メレル・ヴォーリズが設計した。

シンプルな直線と美しい曲線を組み合わせ、壮麗な装飾を施した建物は、当時の人たちにどれほどの驚きを持って迎えられたのだろうか。特に、玄関ファサードの羊頭、魚や貝など個性的な装飾は、前を通る時に必ず立ち止まってしまうほどのパワーを放つ。これら海の幸・山の幸のモチーフは館内各所にも散りばめられており、訪問客の目と好奇心を楽しませてくれている。

1階から5階まで、各階ごとに異なる趣向が凝らされている館内。1階は、よく見ると八芒星をモチーフにしたデザインがあちこちに。希望の個室等は予約するのがベター。

1階にはレセプション、バーカウンター、待合室が。床や窓枠、柱や梁、天井の細部まで装飾が美しい。

建物の象徴であるルーフトップの塔。実はエレベーターのマシンルームだ。

人数に合わせて選べる、鴨川沿いに並ぶ2階の個室。各界著名人もよく訪れる。

階を示す時計針式フロアインジケーターがゆったり動く手動式エレベーター。

玄関内部のテラコッタレリーフには、蛸や貝やイカが。料理店らしく、食材モチーフなのがとてもユニーク。

管理人のコメント

シンプルなデザインの学校・教会建築を数多く残したヴォーリズ氏による商業建築は少なく、その中でも当店は氏による生涯唯一のレストラン建築としてめずらしい存在です。その貴重な空間を守り続けています。

ほの暗い階段も雰囲気たっぷり。中国風のライト以外は、ほぼ創業当時のまま。上りはエレベーターで、下りは階段で、くまなく建物の魅力を堪能するのもいい。

いまも現役の手動エレベーター
夏は鴨川納涼床も楽しめる

外食が当たり前になった現代でもこれだけ気持ちが高まるのだから、当時の人たちはこの豪華な空間と食事に胸躍らせたに違いない。丁重にお迎えされる古き良き優雅な館内でもひときわ目立つのが、レトロな扉が開閉するエレベーター。1924年に製造されたアメリカ・オーチス社製で、今なお現役で活躍する手動式の中では最古。運転手の誘導にゆだねて、機械が立てる音を聞きながら上へ。ゆっくり開いた扉から一歩進むと、時空を超えて大正時代に運ばれたかのような感覚に。2階の個室では、ヴォーリズ設計の家具がいまも使われている。

そして、第二次世界大戦後に北京料理店として再開して以来、守られてきた料理の数々はしっかりした味つけで力強い。円卓を囲む昔ながらのスタイルで、並んだ大皿を前に、ついビールが進んでしまいそうだ。

京都の夏の風情である鴨川納涼床も、四条大橋のたもとに君臨するこの店ならではの至福の華やぎを満喫できるだろう。また、ルーフトップでのビアガーデンは東山、比叡山、五山送り火も見える贅沢さだが、事前の確認を。貴重なヴォーリズの建築美に酔いしれ、本格中華料理を堪能して、京都らしい絶景を眺める。東華菜館で過ごす時間は、何重もの楽しみに満ちている。

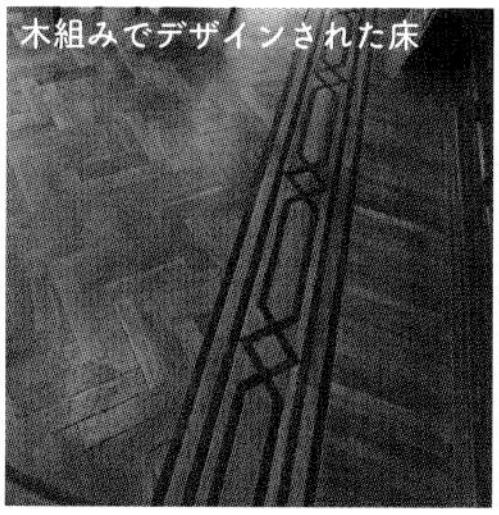
木組みでデザインされた床

留め具不要の木造アーチ

中宴会場

人気の春巻
*写真提供:東華菜館

Data 矢尾政：1926年（大正15）建築
設計／ヴォーリズ建築事務所　1945年開業
Address 京都市下京区四条大橋西詰
Tel 075 221 1147
Open 11:30 ～ 21:30（LO21:00）　無休

＊写真提供：大傳梅梅

大傳梅梅（ダイデンメイメイ）

数寄屋大工の自宅兼事務所を改装
独特な建物で北京ダックに舌鼓を

河原町や祇園四条からすぐの高瀬川沿い、美味しい北京ダックが味わえる中国料理「大傳梅梅」は、京町家と洋館が連なる独特の建物。店名の「大傳」は、「大工の傳兵衛」からきているとか。

奥の京町家は1895年（明治28）に、大工の8世北村傳兵衛が建てた。昭和になってから増築する際に8世傳兵衛は木造の建物を希望したが、仕事の一切を任された息子の熊五郎は自分の思うがままに洋館を建築。こうして、自宅兼事務所である不思議な建物ができあがった。

この熊五郎が、京町家建築の第一人者、数寄屋大工の棟梁「9世北村傳兵衛」で、自らを「大工の傳兵衛」と名乗ったため、「房屋」という屋号だった工務店は「大傳」と呼ばれるように。一見の価値ありのエピソードを持つ建物である。

窓の外には高瀬川。明治時代の京町家と昭和の洋館が連なった独特な建物の中で、中国家常菜の数々をいただける。なんとも異国情緒あふれる体験だ。

1〜3階それぞれに個室と広間が。アンティークな雰囲気の室内は、薬棚などのインテリアも素敵なアクセント。

＊写真提供：大傳梅梅

＊写真提供：大傳梅梅

エキゾチックな空間で、自家製石窯焼き北京ダックや点心を堪能しよう。

洋館の石畳の奥には、京町家がそのままつながって建っている。

補修工事の時、9世傳兵衛が壁のつなぎに貼った帳簿が見つかった。

Data 町家：1895年（明治28）建築　設計／8世 北村傳兵衛
洋館：1928年（昭和3）建築　設計／9世 北村傳兵衛
Address 京都市下京区美濃屋町 173
Tel 075 353 9021
Open 11:30〜15:00（LO14:00）、17:00〜23:00（LO19:00）　月曜休（祝日の場合は翌日）

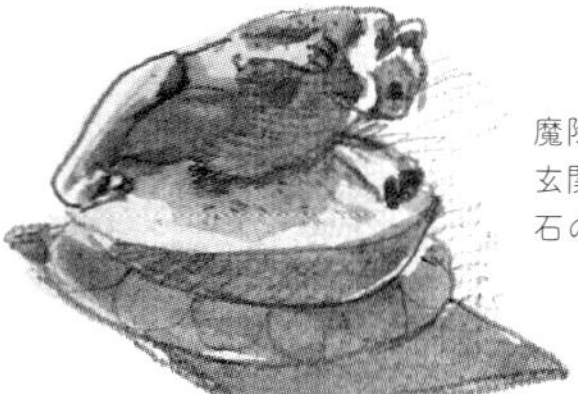

魔除けかな？
玄関先では、謎の動物の石の彫刻がお出迎え。

壽ビルディング

河原町通に面して建つ端正な外観
中心街に残る昭和初期の事務所ビル

河原町通に面して建つ、ひときわ端正でコンパクトな石造りの洋館。元は銀行だった建物だそうで、現代のビルより天井がおよそ1.5倍高い。市電河原町線の開通を機会に、周囲には同じような社屋ビルが建てられたそうだが、すでに壽ビルディングが唯一の遺構となってしまった。

初代オーナーが昭和初期には珍しいテナントビルとして活用して、1981年からの「ギャラリーギャラリー」をはじめ、人のつながりでさまざまな店舗が入居。現在では、「ほぼ日刊イトイ新聞」運営のショップ&ギャラリー「TOBICHI 京都」、ブティックや子どもの本専門店等、文化的な香りのする穏やかで温かみのあるショップが多い。このビルの雰囲気が呼ぶのだろうか。ここだけにしかない、特別なアートに触れることができる。

フロアを囲むように並んでいる各店舗の扉からアーティスティックな世界に誘われていく（5階）。

1階・階段前のブースには、ビルの修復の様子が展示されている。天井が高いので、5階までの階段の距離は実際は1.5倍…きつい人は奥の新館エレベーターで。

いまも美しく昭和のビルを彩る、階段の壁や手すりに残された意匠たち。

窓や扉、床の深い茶色が、白い壁との美しいコントラストを見せてくれる。

玄関の床には、モザイクタイルと大理石が敷き詰められている。

Data 1927年（昭和2）建築［国登］
Address 京都市下京区河原町通四条下る市之町251-2
Open 店舗によって異なる
・「ミナ ペルホネン京都店」ほか数店舗

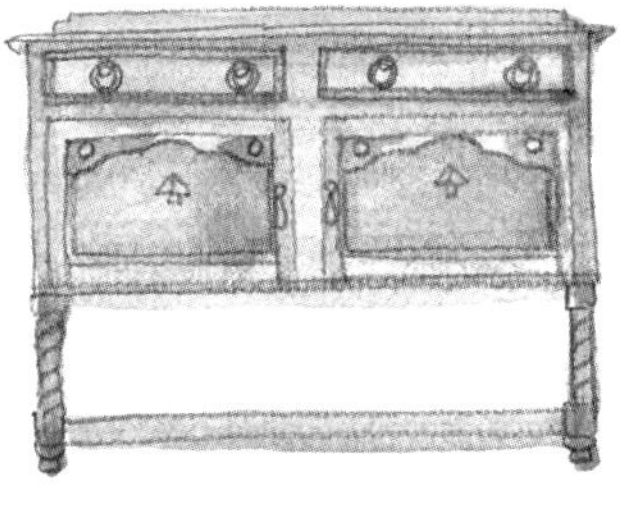

2階「アトリエシムラ」のディスプレイ用の家具もレトロで、建物に違和感なく溶け込んでいる。

京都芸術センター（元明倫小学校）

明治の町衆の力でできた明倫小学校 その昭和の校舎はアートの発信拠点に

室町通に面した門柱のデザインはアール・デコ。赤みを帯びたクリーム色の外壁、オレンジ色のスペイン風屋根、緑青色の雨樋の組み合わせがあたたかい。京都芸術センターは、元明倫小学校の校舎を利用して２０００年に誕生した。

明治維新後の１８６９年（明治２）、「下京三番組小学校」として明倫小学校は開校した。番組小学校とは、１８７２年の国による学校制度の発布に先駆け、京都の町衆の手によってつくられた日本で最初の学区制小学校のこと。住民の自治組織「番組（町組）」単位で64校が創設、そのうちのひとつが明倫小学校だ。その後も、周囲の敷地を買い足して校舎が増築され、明治の終わりには木造校舎群が完成した。いまは、錦通沿いに当時の門の跡だけが残されている。

若手アーティストの制作や舞台のために教室を利用する制作室は、全部で12部屋。

小学校の時そのままの廊下や教室の建具。いまにも元気な子どもたちが教室から走り出してきそう。床の油引きは、現在でも定期的に行っているのだそう。

店内が彫刻？ 楽しい仕掛けがいっぱいの「前田珈琲」明倫店の入口は廊下に面して。

階段の柱や手すりにも施されたこだわりの装飾は、細やかで美しい。

チェコ製のピアノは、小学校創立50周年に地元住民らが寄付したもの。

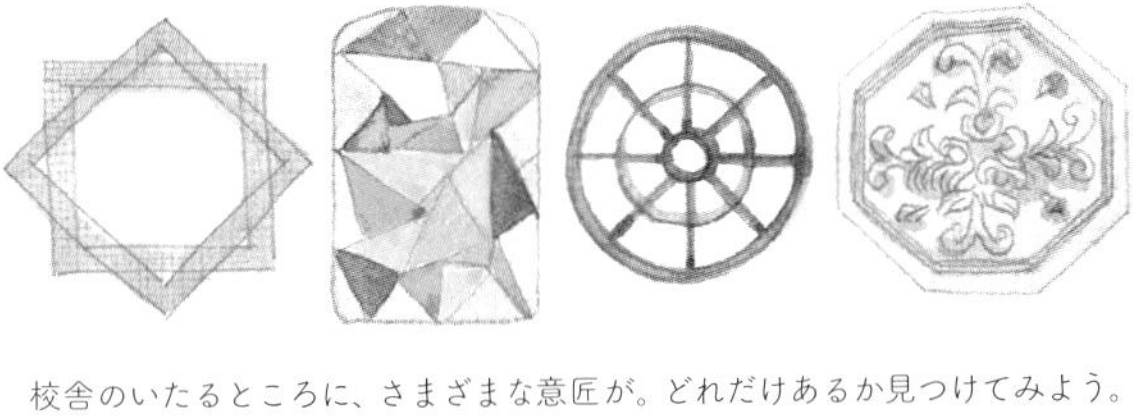

校舎のいたるところに、さまざまな意匠が。どれだけあるか見つけてみよう。

管理人のコメント

京都芸術センターは、京都の町衆たちの力ででき、学区に暮らす方々が長い年月大切に育ててこられた元明倫小学校の歴史を受け継いで、いまもたくさんの人々が学び、創造し、憩う場として開かれています。

「前田珈琲」明倫店

昭和初期最先端の鉄筋建築
地元の人々が贈った豪華な校舎

昭和に入って改築が決まると、地元の人々による多額の寄付によって鉄筋コンクリート造、直線とアーチの曲線をうまく融合させた和洋折衷の建物に生まれ変わる。明倫学区には祇園祭の山鉾町の多くが含まれていることから、建物の正面と3つの窓は山鉾を模したという。柱や梁の造作が趣のある講堂や、格天井の見事な78畳の大広間、屋上に建つ和室等は、番組小学校の矜持を反映した贅沢なもの。階段の手すりや外壁の装飾、丸窓等の細部までデザインに凝っている。京都芸術センターオープン時には、その姿をほぼそのまま残して改装された。講堂や大広間、和室や教室等はイベントで開放している時しか見ることができないが、芸術書が置かれた図書室や、廊下を巡るだけでも雰囲気は充分味わえる。また、20周年を記念してキッチンが現代アートに生まれ変わった「前田珈琲」明倫店も併設されているので、気軽に立ち寄りたい。

古くより呉服問屋で栄え、絵師や釜師も暮らした明倫学区。祇園祭後祭の時には校庭にエコ屋台が出るなど、いまも地域の人々との距離が近い。文化への関心、教育への熱意、子どもたちへのあたたかい想いによって育まれきた番組小学校のDNAは、アートの発信拠点として現在も継承されている。

Data 元旧明倫小学校　現校舎:1931年(昭和6)大改修［国登］　設計／京都市営繕課
京都芸術センター：2000年4月開設
Address 京都市中京区室町通蛸薬師下る山伏山町546-2
Tel 075 213 1000　Open 10:00 ～ 22:00
・併設：「前田珈琲」明倫店
Open 10:00～20:00 年末年始休、他臨時休館あり

＊写真提供：麺処むらじ

麺処むらじ 室町店

明倫学区の人々に愛されて残る室町通に建つ貴重な「看板建築」

ビジネス街・四条烏丸からほど近い、室町蛸薬師の交差点角に目を惹く黄色の洋館がある。実はこれ、外観だけが洋館風の「看板建築」と呼ばれる建物だ。さらに、かわいらしい外観からは意外に思えるが、なんとラーメン店。気さくな店主を筆頭にスタッフ全員が女性なので、女性のおひとり様も入りやすいのが嬉しい。

店内に入ると、昔ながらの和風民家なのがわかる。1階にカウンター席が並び、町家らしい急な階段を上がった2階にはテーブル席が。裸電球のようなライトも粋で、小物や壁紙など内装の細部にまで往年の雰囲気が再現されている。

『明倫学区に残したい建物2013』にも選ばれ、地域の人たちに愛され続けた大正建築を楽しみながら、ぜひ自慢の鶏白湯ラーメンを。

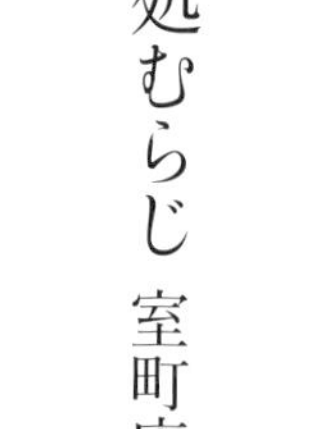

Data 建築年不詳（大正時代） 麺所むらじ室町店：2018年12月オープン
Address 京都市中京区室町通蛸薬師西入る山伏山町536 Tel 075 212 9911
Open 平日11:30～15:00（LO14:30）、17:00～22:00（LO21:30）／土日祝11:30～22:00（LO21:30） 不定休

16

Mizuho Bank
Kyoto-Chuo

みずほ銀行 京都中央支店
(旧第一銀行京都支店)

表装等を精巧に再現したレプリカで
歴史を刻んだ建築を後世に伝える

烏丸通を北上していくと、三条通との南西角に華やかでモダンな建物が見えてくる。赤レンガの外壁に白いストライプのアクセントが非常に印象的な「辰野式」と呼ばれるこのスタイルは、近代建築の父・辰野金吾が民間の建築家として事務所を立ち上げてからの作品の特徴だ。

このみずほ銀行京都中央支店が、旧第一銀行京都支店として建てられたのは１９０６年のこと。元の建物は耐震性等の問題から１９９９年に解体され、現在の建物は２００３年にレプリカとして再建されたもの。厳密には辰野建築ではないのだが、美しい表装や意匠まで精巧に復元されており、過去のオリジナルへのリスペクトが感じられる。烏丸通の街路樹とも調和していて、京都らしい多様な継承の形だ。

Data 旧建物：1906年（明治39）建築　設計／辰野・葛西建築事務所　2003年再建（レプリカ復元）
Address 京都府京都市中京区烏丸通三条南入る饅頭屋町 591

文椿ビルヂング（旧西村貿易店社屋）

めずらしい「木造」洋館は天井高5m 京都らしい商業ビルとして活用の途へ

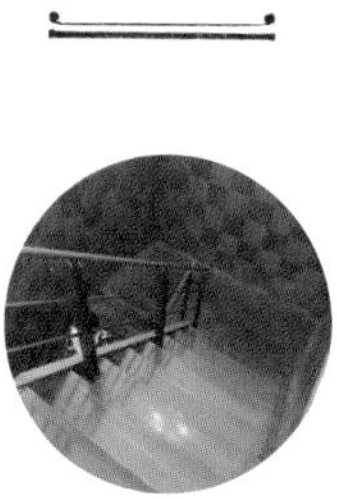

名前の美しさに惹かれ、ランチ使いのよさでたびたび足を運んでしまう「文椿ビルヂング」。めずらしい木の洋館で、しかも約5mという寺社仏閣並みに天井の高い造り。洋館という新しい文化と、京都という土地柄が融合された建物だ。

実は、1920年（大正9）に貿易会社の社屋として建設後、繊維問屋、戦後のアメリカの文化施設、内装業社、呉服商社とさまざまな変遷を経た流転のビルヂング。2004年に商業施設として再生されてからは、メイドイン京都にこだわった職人技が生きる雑貨のショップや、京都流に解釈したイタリアンやバーなど、エリア密着型の多彩な個性の店舗が並ぶ。お店そのものを楽しみながら、古い木造建築の風情をそのまま活かした様子を堪能できるのがいい。

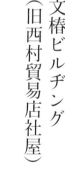

大正ロマンあふれる雰囲気のなか、美味しいイタリアンとワインを堪能できる「烏丸 DUE」。歴史的建築とお店の魅力を同時に楽しめるのは、商業ビルだからこそ。

2階「お酒の美術館」では、1960～80年代のオールドボトルが気軽に味わえる。高い天井と木製の梁は圧巻！

「椿ラボ京都」の定番人気は、京都のクリエイター「koha*オリジナルファブリック」。

トイレのタイルは、個室ごとに色が違う。どこに入ろうか迷ってしまう！？

足元にも注目！ 1階の「烏丸 DUE」は、木の床と南欧風タイルが絶妙にコラボ。

Data 1920年（大正9）建築［国登］
2004年10月リノベーション
Address 京都市中京区三条通烏丸西入る御倉町79
Tel「椿 -tsubaki labo-KYOTO」：075-231-5858
イタリアン「烏丸 DUE（ドゥーエ）」：075-213-3922
パブ「お酒の美術館（RETRO PUB）」：075-746-6909
Open 店舗によって異なる（上記店舗は一部）

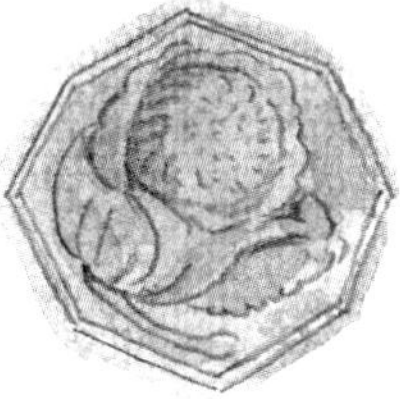

玄関の8角形のエンブレムは、京都の寺社仏閣の金物職人の作だそう。

＊写真提供：新風館

新風館（旧京都中央電話局）

伝統と革新の融合を掲げて再生した
姉小路の新ランドマーク「新風館」

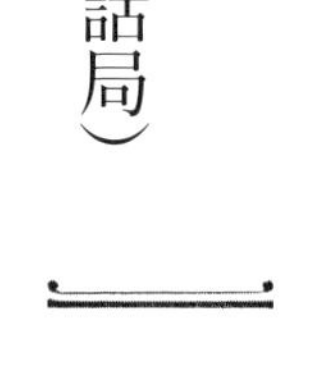

新風館の前身・旧京都中央電話局が烏丸姉小路に建設されたのは１９２６年（大正15）。四角い形状に茶色のレンガ貼り、アーチ型窓が連なるクラシカルな建物は西側と北側面が保存・改修され、２００１年に商業施設「新風館」として再生。15年もの間、地域に親しまれてきた。

そして４年の閉館を経た２０２０年、ホテルや映画館、エッジの効いた店舗からなる複合施設としてパワーアップ。大正時代の建物と京都の和の伝統を引き継ぐ木組みとのマッチング、工事中に発掘された室町時代の庭園石組の再現、気鋭のデザイナーによる庭やアート等、建物・歴史・土地が融合した革新的なランドマークになっている。以前の新風館を知っている人も再訪して、京都から吹く新しい風を体感してほしい。

併設の「ACE HOTEL KYOTO」で宿泊した後、モーニングやランチ、ショッピングを存分に楽しめる立地。

アメリカ発・日本初上陸の「Stumptown Coffee Roasters」。Wi-Fi スポットでゆっくりくつろげ、景観に同化し、地元に愛されるコーヒーショップを目指す。

自然な光が差し込み、コンクリートの壁に映る階段から時間の移ろいを感じて。

本と野菜のコラボショップ「OyOy」。ランチの後に料理本を買って帰ろう。

17 種類の香水から一つを選んで最終調合、でき立てを楽しめる香水ショップ「LE LABO」。

Data 旧京都中央電話局：1926年（大正15）建築［京登］ 設計／吉田鉄郎（逓信省） 新風館：2001 年開業 設計／リチャード・ロジャース 2020 年 6 月リニューアルオープン
Address 京都市中京区烏丸通姉小路下る場之町 586-2
Open 店舗によって異なる
・Stumptown Coffee Roasters：8:00 ～ 18:00
・ACE HOTEL KYOTO：Tel 075 229 9000（代表）

京都の真ん中、
「Stumptown Coffee Roasters」で
スタイリッシュな一日の始まり。

京都文化博物館 別館（旧日本銀行京都支店）［重文］

明治期の有名建築家・辰野金吾が弟子と手がけた重厚かつ優美な建物

　江戸時代から交通の要衝として賑わってきた三条通りには、明治時代になって郵便局、保険会社、商店等の近代建築物がこぞって建ち並ぶようになった。旧日本銀行京都支店は、１９０６年（明治39）高倉通と交差する北西角に誕生。１９６５年に移転するまで、この地で営業していた。

　のちに東京駅や中之島公会堂を手がけた明治・大正期の日本を代表する建築家・辰野金吾と、その弟子の長野宇平治によって設計された建物は、赤いレンガ壁に花こう岩の白いストライプが入った「辰野式」スタイルが成立した頃のもの。当時の三条界隈でとても目立ったに違いない。エリアの景観のコア的な存在として、現在のビル群の中でも華やかな魅力を放っている。

とても明るい元営業室の高い天井には、屋根からの自然光を取り入れるための明かり取りが設けられている。

普段は閉鎖されて、一般の人は見ることができない階段室。使いこまれた手すりが艶やかな光を放っている。

「JARFO京・文博」では、独自の視点から選び抜かれた国内外の芸術家を紹介。

上下にスライドする、レトロな受付窓。上げても落ちてこない仕掛けが不思議。

金庫室だった重厚な扉の向こうは、芳しい香り漂う「前田珈琲」文博店。

中庭の壁にもさりげなく、シンプルで優しい意匠が。

管理人のコメント

辰野金吾は全国的規模で、日本銀行の支店等の設計に取り組みました。ここ旧京都支店もそのひとつです。今ではコンサートや講演会、アートイベント等にも使われ、その美しい姿がたくさんの方に愛されています。

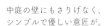

重厚なイメージの銀行建築だが、ここ旧日本銀行京都支店は柱や天井に木材が多用され、とても優美で麗しい。
窓上部の装飾、天井や手すりのデザインの美しさも見逃せない空間だ。

吹き抜けが伸びやかな建物内 実物に触れる機会を活かして

1988年に京都文化博物館別館として公開されて以降、旧営業室は多目的に使われるホールに、所長室や応接室等だった場所にはショップやギャラリーが入店。別館の奥、渡り廊下でつながった別棟の金庫室は「前田珈琲」文博店で、重厚な金庫内で過ごすことができる。テラスからは、日銀の日の丸マークの瓦屋根が見えるかも。

さて、もう一度三条通側の入口から入り直してみよう。重い鉄扉は内側にしか取っ手がなく、外から開けられない形状に。客溜まりと営業室の間はカウンターで仕切られているが、これは岐阜県大垣市産の大理石。よく見ると化石が混ざっている。そして、行員たちの机や椅子が並んでいた吹き抜けの営業室。床はリノリウム張りで、当時はドイツ製。歩くとふわふわしていて、とても足なじみがよい。シャンデリアは、第二次世界大戦中に供出してしまったので現在はレプリカだが、当時のデザインを忠実に再現していてまったく違和感がない。壮麗な室内には、いまでも電話やタイプを打つ音が響いてきそうな雰囲気が漂っている。

博物館という場所柄、別館ホール内では様々な文化的イベントが開催される。その時に間近で見て触れて、五感で元日本銀行の建築を堪能することをおすすめしたい。

元金庫室のノブ

Data 旧日本銀行京都支店：1906年（明治39）建築［重文］ 設計／辰野金吾、長野宇平治
京都文化博物館別館：1988年オープン、2005年リニューアル
Address 京都市中京区三条高倉
Tel 075 222 0888
Open 10:00～19:30（各種イベント時は別）月曜休
・併設：「前田珈琲」文博店／「JARFO京・文博」他

※写真提供：TSUGU 京都三条 by THE SHARE HOTELS

TSUGU 京都三条 by THE SHARE HOTELS（旧日本生命京都三条ビル）

登録有形文化財の辰野建築が一部残るリノベーションホテル

その昔、京都と江戸を結ぶメインの東海道は、京都・三条大橋が西の起点／終点であった。その歴史にちなみ、日本各地のローカルが集う場として「TSUGU」＝継ぐという名のホテルが誕生。旅するきっかけを与えてくれるコンテンツを提供するなど、新しい京都宿の役割を担っている。

このホテルは、1914年（大正3）建築の文化財部分が残る旧日本生命京都三条ビル。建物全体は1983年に建て替えられたが、象徴的な尖塔を含む柳馬場通に面した1スパンは、東京駅の設計で知られる辰野金吾率いる辰野・片岡建築事務所の作品。石貼りの外観など既存部分を活かしたデザインでリノベーションした。尖塔が臨める窓を設置したフロアなど、歴史への愛にあふれている。

20
TSUGU Kyoto Sanjo
by the share hotels

シンプルでシックな部屋の窓からは、建物の尖塔を間近に臨める。まるでヨーロッパの古都を旅しているような朝を迎えられるが、ここは日本の古都・京都だ。

1階ショーケースの棚に隠れて存在しているユニークなコーヒーショップ「coffee and wine ushiro」。

大正レトロな外観とスタイリッシュな内観を併せ持つホテル。一度は泊まりたい。

宿泊者専用のシェアキッチンは清潔で、内装もスタイリッシュ。

1階エレベーターホールは建物の石質となじむよう、コンクリートの風合いを生かしている。

Data 1914年(大正3)建築[国登]、1983年(昭和58)改築　設計/辰野・片岡建築事務所　2019年5月開業
Address 京都市中京区三条通柳馬場西入る桝屋町75
Tel 075 213 2900
Open coffee and wine ushiro:モーニング7:00~11:00(L.O.10:30)、コーヒー専門店 13:00~17:00、コーヒー・ワインバー 17:00~23:00(LO22:30)

「coffee and wine ushiro」の、
身体が喜ぶ人気の日替わり朝食。一般客も利用OK!

中京郵便局

取り壊し決定から一転、外壁保存へ
日本で最初のファサード保存改築

「三条の郵便局」と聞いたら、「あのレトロな郵便局ね！」と思い浮かぶ人もいるのではないだろうか。元は1902年（明治35）に郵便局舎として建てられたレンガ造2階建、ネオ・ルネサンス様式の由緒正しき郵便局である。

基壇の石積み、コーナーや窓廻りの御影石のアクセントが印象的な建物だが、老朽化により1973年に解体・建替がいったん決定した。しかし、保存する側の「外壁だけ残す」という意見が取り入れられ、内部を実用的に新築する「ファサード保存」という手法で1976年から3年かけて改築された。現在ではメジャーな「外壁保存」だが、この中京郵便局が日本での第一号の実例なのである。館内の写真展示で、昔の建物や改築経緯が詳しく紹介されている。

Data 1902年（明治35）建築［京登］ 設計／逓信省営繕課（吉井茂則、三橋四郎） 1978年改築
Address 京都市中京区三条通東洞院東入る菱屋町 30

SACRA（旧不動貯金銀行京都支店）

民間によって保存・復元され続ける大正生まれの重厚なテナントビル

重厚感ある白い外壁のこのビルは、1915年（大正4年）に不動貯金銀行京都支店として建てられた、木骨レンガ造というめずらしいもの。1988年に商業ビルとしてリニューアルしてからは、雑貨店やブティック、カフェ等のテナントの多彩さと建物の雰囲気があいまって、三条界隈でも実に個性的な魅力を放っている。

現在では、テナントや地域の方々の協力のもと、建築当初により近い姿を目指して後年に取りつけられた天井や壁を撤去。大正時代の装飾が施された天井が顔を出し、開放感のある往時のロビーの姿が復元できた。このような取り組みで、次の時代にも伝統と文化を繋ぎ続けている。きしむ音も懐かしい木製階段や手すりの装飾、木の廊下等、館内は見どころがたっぷりだ。

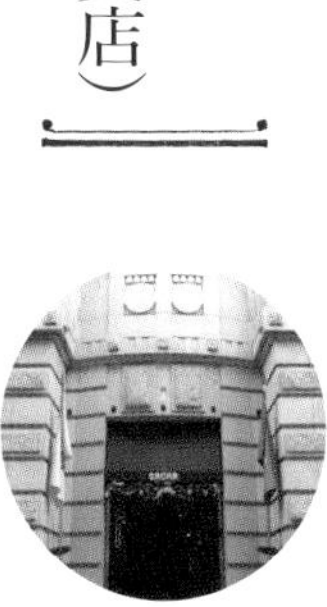

Data 1915年（大正4）建築［国登］ 設計／日本建築株式会社 1988年リニューアル
Address 京都市中京区三条通富小路西入る中之町20
Open 店舗によって異なる

旧家邊徳時計店

年月を経た風合いのまま三条通に建つ印象的な外観、重厚な内部も見どころ

赤レンガ造の歴史的建物が多い三条通の中でも、ひときわ存在感を放つ風合いの2階建。インパクトある3連アーチの窓が印象的な「家邊徳時計店」は、1890年（明治23）の創建当時は4階建で時計塔を備えていたという。豊かな装飾を随所に配しているデコラティブな外観だけではなく、内部にも見どころが多い。

右手に設けられた金庫室の内部は2階建で、扉絵は圧巻のひと言。フロアの正面奥にどっしりと腰を据える流麗な螺旋階段を上がると、洋室がふたつ、天井飾りの雰囲気も素敵な空間だ。

2004年『市民が選ぶ文化財』第1号に選ばれた華麗な建物には、現在アパレルショップ「MARcourt」が入店しており、魅力的な店舗が並ぶ賑やかな三条通に花を添えている。

2階から螺旋状に弧を描いて中央から左右対称に二股に分かれていく独特の階段。建物内部で放つ存在感や、施された渦巻き状の装飾など、じっくり堪能してみて。

2階建の金庫室。扉に描かれた修学院離宮の風景画は、明治初期に活躍した洋画家・田村宗立の油絵。下部の「1890」の数字は、このビルが建てられた年だ。

太くて立派な階段の支柱。どっしりと構えていて、木の魅力たっぷり。

金庫室の扉の向こうの部屋も、ディスプレイに利用されている。

古びた踏み板や手すりの手触り。時々振り返りながら上ってみよう。

Data 1890年（明治23）建築［国登］
現・MARcourt 三条店：2014年10月オープン
Address 京都市中京区三条通富小路東入る中之町25
Tel MARcourt 三条店：075 754 8815
Open MARcourt 三条店：11:00〜20:00 不定休

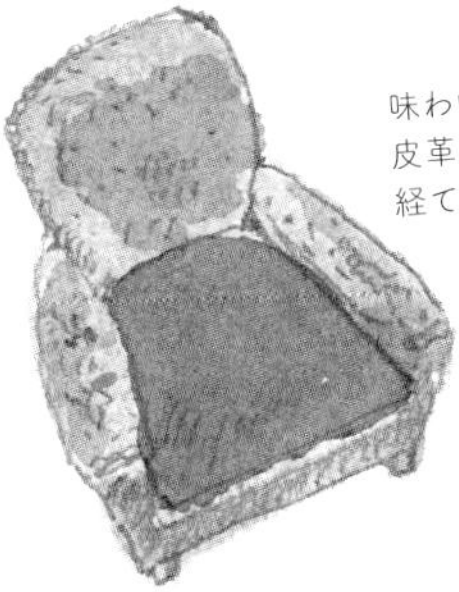

味わいのある革製のソファ。
皮革の剥がれ具合が、
経てきた歳月を物語る。

1928ビル（旧毎日新聞社京都支局）

1928年生まれの武田五一建築　経年変化を魅力に変えたアートビル

1928ビルという名前は、1928年（昭和3）生まれから。武田五一の設計で、旧毎日新聞（当時は大阪毎日新聞）京都支局として建設された。旧社章をモチーフにした星型の窓やバルコニーの形状、玄関左右のランプカバーのデザインなどにアール・デコの影響が見られる。

1998年の新聞社移転後、建物の老朽化のため一時は解体の危機に。建築家の若林広幸氏が買い取り、耐震改修や内装のリノベーション等が行われて、創建当時の姿を残しながら文化的拠点として活用されることになった。現在では、地下はカフェ、1階はアパレル、2階はギャラリー、3階は劇場と、用途自体もアーティスティック。廃墟風の耽美な世界観や異なる風合いもあわさって、多くの人を魅了している。

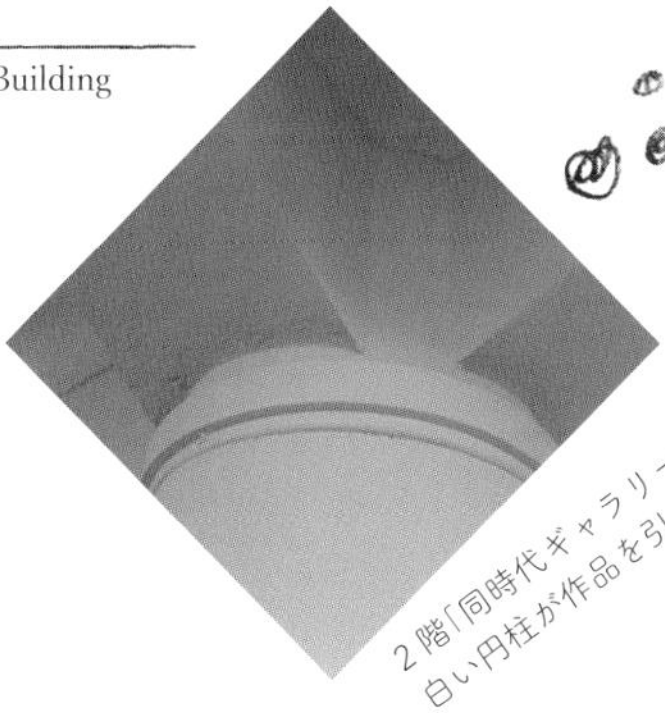

2階「同時代ギャラリー」の白い円柱が作品を引き立てる。

緩やかにカーブする手すりを伝って、階段を上ってみよう。3階のベランダや最上階の星型の覗き窓も楽しい。

共有スペースに敷き詰められた細かいタイルは、最上階から地階まで続いているので、「アンデパンダン」に下りる時にはじっくりチェックを。裏階段もこの通り。

カフェ「アンデパンダン」では、アーティストや観光客も思い思いに。

別に用はないけど…。どうしても座りたくなる、地階のトイレ前の椅子。

＊写真提供:1928ビル

今宵もリピーターが多く訪れる、新感覚エンターテイメント「ギア」。

Data 旧毎日新聞社京都支局：1928年（昭和3）
建築［京登］　設計／武田五一
1928ビル：1999年オープン
Address 京都市中京区三条通御幸町東入る弁慶石町56
Tel 075 254 6520（「ギア」公演事務局兼用）
Open 店舗により異なる
・「アンデパンダン」（地下1階）11:30～23:00

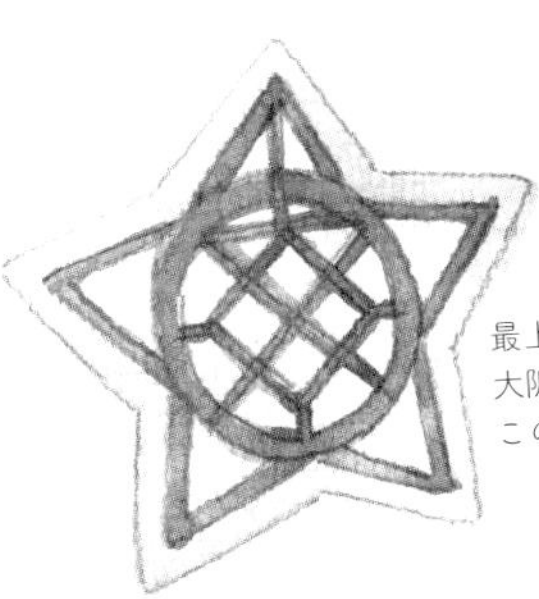

最上階の壁の左右を飾る星型の窓は、大阪毎日新聞の旧社章をかたどったもの。このビルのトレードマーク☆

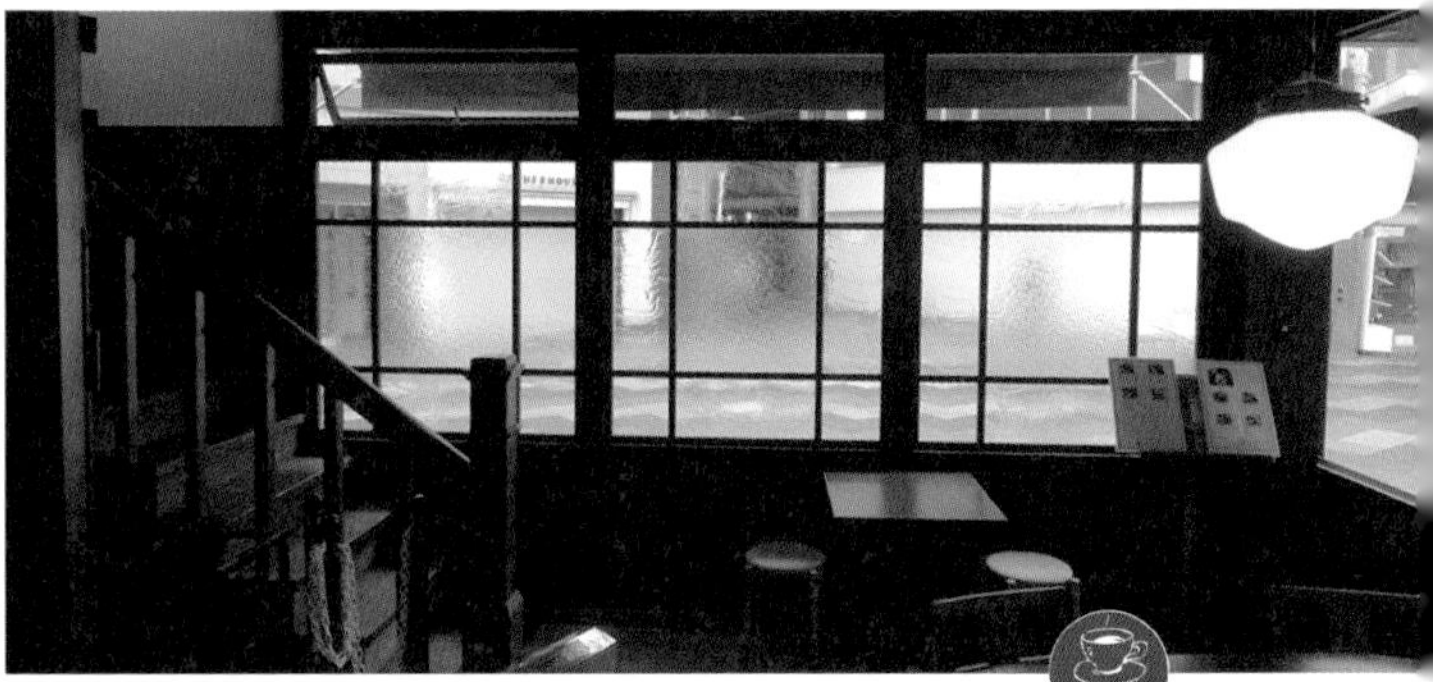

梅園 三条寺町店

三条通の街並みになじむように設計
レトロモダンを徹底した新・甘味処

寺町通と三条通が交差する、アーケードが開けてちょうど広場のようになった場所。白タイルの外観に、木のぬくもりとレトロガラスの風情が懐かしい、広い間口のお店が建っている。

京都市内に6店舗を構える、１９２７年創業の「甘党茶屋 梅園」。「誰もが立ち寄りやすい街なかに」と２０１７年にオープンした三条寺町店は、元食堂を改築したものだとか。いつのまにかこの通りの風景になじみ、それでいて通るたびに気になる佇まいは、入り口の旗から内装までレトロモダンな雰囲気を徹底しているからこそ。おすすめの「甘味点心」は、名物のみたらし団子やわらび餅などがちょっとずつ盛り合わさっていて、目にも口にも美味しい。「京都で和菓子」の楽しみを、クラシカルな三条寺町で。

Data 建築年不詳　梅園三条寺町店：2017年オープン　**Address** 京都市中京区天性寺前町 526
Tel 075 211 1235　**Open** 10:30 ～ 19:30（LO19:00）　無休

村上開新堂

御所近く、京都で一番古い洋菓子店
ノスタルジックな洋館とモダンカフェ

隙間なく缶に詰められたレトロで美しいクッキー。優しい味のロシアケーキ。創業１９０７年（明治40）の「村上開新堂」は、京都で一番古い洋菓子店と言われ、池波正太郎の小説にも登場する。昭和初期に建てられた木造漆喰の洋館は、カーブを描いた表のショーウィンドウや店内の高い天井、焼菓子や貼り箱が並んだショーケース、床のタイルまでがノスタルジックだ。

訪問客の要望に応えてオープンしたカフェは、石畳でつながった店舗奥の住居だった日本建築をリノベート。初代の妻の茶室を活かした個室、坪庭や聚楽壁といった日本の伝統美に、北欧家具や錫のカウンターなどのモダンな魅力がマッチする。焼菓子や限定スイーツのセットがいただける、京都の隠れ家にしたい空間だ。

Data 1935年（昭和10）頃建築　**Address** 京都市中京区寺町通二条上る東側常盤木町62
Tel 075 231 1058　**Open** 10:00～18:00　日曜・祝日・第3月曜休　※クッキーは予約販売制

京都市役所 本館

90年間現役の京都市の顔
西洋建築様式と東洋モチーフが融合

初夏から秋までサルスベリの花に彩られ、正面の広場では週末にフリーマーケット等が開催されて憩いの場に。京都市役所は、90年近くに渡り現役で、京都市の顔として親しまれている。

東半分は１９２７年に、西半分は１９３１年に完成した本館は、京都帝国大学教授の武田五一を顧問とし、京都市営繕課が設計。また、意匠設計は、武田の愛弟子である中野進一が担当した。建物全体は、中央正面には車寄せのある玄関を配し、ほぼ左右対称で両翼を突き出させたうえに、時計塔を建てるというヨーロッパの伝統様式にのっとりつつ、細部の意匠にはインドやイスラム、中国、日本等の多彩な東洋的モチーフを採用。正面中央部やエントランスホール等に顕著なので、ぜひ目を留めて見てほしい。

Data 東側：1927年（昭和2）建築、西側：1931年（昭和6）建築　設計／京都市営繕課、中野進一
※武田五一監修　※現在改修・整備中（全体完成 2024 年度予定）
Address 京都市中京区寺町通御池上る上本能寺前町 488

28
Kyoto Prefectural
Library

京都府立図書館

明治生まれの公立図書館
ファサード保存されてリニューアル

京都府立図書館は、1909年（明治42）に岡崎へ移転・開館以来、平安神宮の大鳥居のすぐそばで歴史を刻んできた。設計を手がけた武田五一は、文部省による欧州留学からの帰国後、アール・ヌーヴォーなど最先端の潮流や様式をアレンジしつつ、この日本の公共建築に取り入れた。装飾を抑え、黒い屋根、白い壁とテラコッタのコントラストが美しく、アーチ窓や曲線の多用が優美なデザインである。

阪神淡路大震災の被害を受けて建替える際には議論がなされ、外壁のみを残すファサード保存で2001年にリニューアル。新館には、旧館の写真や資料、武田デザインと言われる家具などが展示され、月に1回見学会が実施される。新館自体も、螺旋階段などが美しい建物だ。

Data 1909年（明治42）建築　設計／武田五一　2001年建替後リニューアルオープン
Address 京都市左京区岡崎成勝寺町　Tel 075 762 4655　Open 火曜～金曜 9:30～19:00、土・日・祝 9:30～17:00 月曜（祝日は翌平日休館）・第4木曜（祝日は開館）、年末年始、特別整理期間は休館

京都市京セラ美術館

開館以来87年を経た歴史的美術館が画期的リノベーション

何度も足を運んだ美術館なのに、懐かしさの中に新しい表情や魅力を発見できる。

京都市美術館は、大規模リノベーションを経て、2020年に通称を、「京都市京セラ美術館」として生まれ変わった。現存する日本最古の公立美術館建築で、京都で行われた昭和天皇即位の大礼を記念して1933年（昭和8）に創建。洋風建築の上に和風の屋根を載せる、いわゆる帝冠様式を代表する威風堂々とした外観は、第二次世界大戦をまたいで80年余り、京都市民をはじめ多くの人が訪れ、親しまれてきた。その積み重なってきた元の建築としての魅力や役割に、新たなレイヤーを重ねるような考え抜かれたリノベーションによって、新しい空間が現れたのだ。その様子をピックアップして紹介しよう。

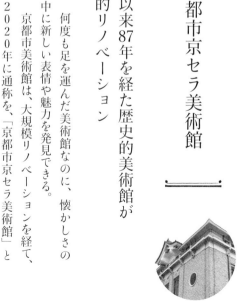

柱に記された案内が
わかりやすいエントランス。

白い壁面を彩る大理石の模様が建物内部に洗練された魅力を与える、シンメトリーな1階・西広間の階段。

旧大陳列室から中央ホールとなった天井高16mの大空間。新設されたゆるやかなカーブの螺旋階段とバルコニーが、地下から続く大階段と共に人の行き来を導く。

地下のカフェ「ENFUSE」で、平安神宮大鳥居を眺めながらゆったりひと休み。

東エントランスロビーをガラス張りにしたことで、視界に日本庭園が広がる。

京都にちなんだ限定品やオリジナルグッズも楽しいミュージアムショップ。

西広間天井の
ステンドグラスは、
細部の装飾まで美しい。

施設スタッフのコメント

建築家・青木淳と西澤徹夫のコンセプトに基づき、古いものと新しいものとの二項対立ではなく、ふたつが重なり合って新鮮なイメージと魅力を生み出しているところが、今回の大規模リノベーションのポイントです。

明るい！ステンドグラスの天井懐内に照明を設置。壮麗な西広間は創建当初の輝きを取り戻した。

新旧が重なり共鳴し合いながら進化したリニューアル

歴史ある美しい建築として親しまれてきた同館は、現代の美術館として大幅に機能をアップデートした。元の建物を隠したり、壊したりするリノベーションではなく、創建当初のデザインを最大限に保存している。

新しいエントランスは地下につくられ、かつての下足室、いまで言うクロークとして使われていた場所はチケットカウンターに。両翼には、常設のカフェ「ENFUSE（エンフューズ）」とミュージアムショップ「ART RECTANGLE KYOTO（アートレクタングルキョウト）」が登場した。「ガラス・リボン」と名づけられたファサードは、全面ガラス張り・流線型の軽やかなデザインで、歴史的建築の外観としっくり融合している。

また1階の旧大陳列室は、各エリアへ接続する「ハブ」となる中央ホールに変更。神宮道沿いのスロープ状広場からメインエントランスを抜け、大階段を上がって中央ホールを通り、東エントランスロビー向こうの日本庭園から東山の眺望を楽しむ…このような東西の動線をはっきりと打ち出したことで、人の行き来が活発になった。

展示を見るため〝だけ〟の終着点ではなく、誰でも・いつでも・気軽に利用できるオープンな場所として、美術館を楽しむ。岡崎エリアに来る楽しみが増えた。

Data 京都市美術館：1933年（昭和8）建築
設計／前田健二郎（コンペ案）、京都市営繕課
京都市京セラ美術館：2020年春リニューアルオープン
基本設計／青木淳・西澤徹夫設計共同体
Address 京都市左京区岡崎円勝寺町 124
Tel 075 771 4334
Open 10:00～18:00（入場は閉館の30分前まで）
月曜（祝日の場合は開館）、12/28～1/2 休館
・ミュージアムカフェ「ENFUSE」10:30～19:00
（最終入店18:00、LO18:30）定休日は美術館に準じる

藤井斉成会有鄰館 第一館

現存最古の近代的な私設美術館 東洋美術をいまに伝える武田五一建築

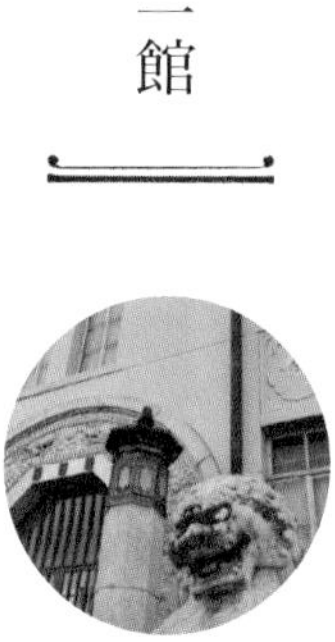

岡崎エリア、疏水沿いの仁王門通を歩くと目に入る中国風の建物がある。1926年（大正15）、滋賀出身の実業家・藤井善助が自分の東洋美術コレクションを保存・展示するために建てた「有鄰館」は、現存最古の私設美術館だ。

設計は武田五一。屋上に中国から移築した八角堂を据え、清代・乾隆年製の黄釉龍文の瓦葺き。窓下の意匠、玄関上部に配した龍の陶製レリーフもオリエンタルで、当時の新聞に「京にそびゆる北京城の大塔」と報道されたという。

所蔵品は、殷代から清代の中国民族遺産である絵画、書、仏像、青銅器、陶磁器、古印等と幅広い。その圧倒的なコレクションからは、藤井善助の情熱、造詣の深さが感じられる。開館日は少ないが、ぜひ立ち寄りたい美術館だ。

30
Fujiisaiseikai Yurinkan Museum

空間の広がりが大迫力の3階展示室は、折上天井の上部がトップライトに。華麗なステンドグラスが配されていて圧巻。貼り替えられた東洋風のクロスも美しい。

地下には、当時使用されていた電気室がそのままに。瓦屋根などの彫刻を添えて展示されていて興味深い。

階段の支柱や手すりにも、どっしりとした重厚感あふれる豪華な彫刻が。

今は動かぬ運搬用のエレベーター室からも、当時の面影を垣間見れる。

すべてのショーケースまでも、「関西建築界の父」武田五一の作品。

Data 1926年（大正15）建築［京登］
設計／武田五一
Address 京都市左京区岡崎円勝寺町44
Tel 075 761 0638
Open 11:00～16:00（入館15:30まで）
1・8月を除く毎月第1・第3日曜のみ開館

外壁にも惜しみなく施された力強い彫刻の数々。

日本キリスト教団
京都御幸町教会会堂

現存するヴォーリズ最古の教会建築
十字架を隠した古都の礼拝堂

京都にもヴォーリズ建築は多いが、1913年（大正2）建築の京都御幸町教会会堂は、国内に現存する中で最古の教会建築であり、ヴォーリズ初期作品にあたるゴシック様式の建物だ。

レンガ造で簡素で優しい佇まいを見せる外観や尖塔アーチを描く大窓が印象的で、教会堂ながら屋根や入り口には十字架が掲げられていない。しかし、正面の扉と上部のアーチ窓の周囲に配された白い石の端と端を結ぶと、十字架が浮かび上がるように。これは、当時の反キリスト感情をあおらないための配慮。建物内外にこうした隠された仕掛けがなされている。

礼拝堂は装飾を控え、ミニマルでシンプルな中に本当の教会らしさが伺える。当時の人々の清廉な信仰心が現れているような教会堂だ。

31

Kyoto Gokomachi
Church

見事な天井の梁に支えられ、尖塔アーチ型の窓が和のテイストと融合している礼拝堂。右側・3連の格子戸は「揚げ戸」構造で、壁内に引き上げることができる。

隠れ十字架は建物内外の至るところに。礼拝堂隣は食堂、祈祷会、教会学校に使用されている100周年記念館。

当時、表玄関に立っていた街灯も、いまは静かに建物の奥になりを潜めて。

シンプルながらも、やさしいアーチを描くカーブが印象的な階段。

祭壇の「恵みの座」の半円形は、プロテスタントの一派メソジストの様式。

Data 1913年（大正2）建築［京指］
設計／ウィリアム・メレル・ヴォーリズ
Address 京都市中京区御幸町通二条下る山本町434
Tel 075 231 3441
Open 礼拝：毎週日曜 10:15から ※毎週日曜の礼拝参加・建物内見学可（平日非公開）

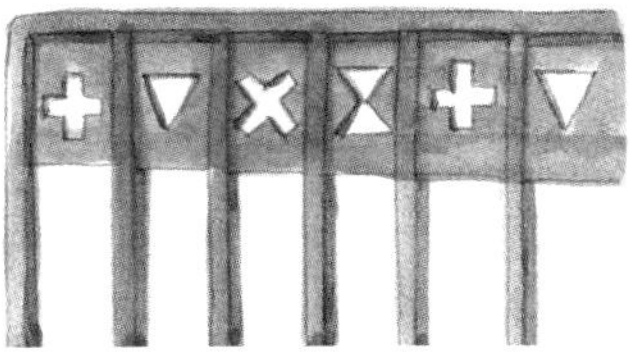

裏庭へ続く柵には、ユニークなデザインが施されている。

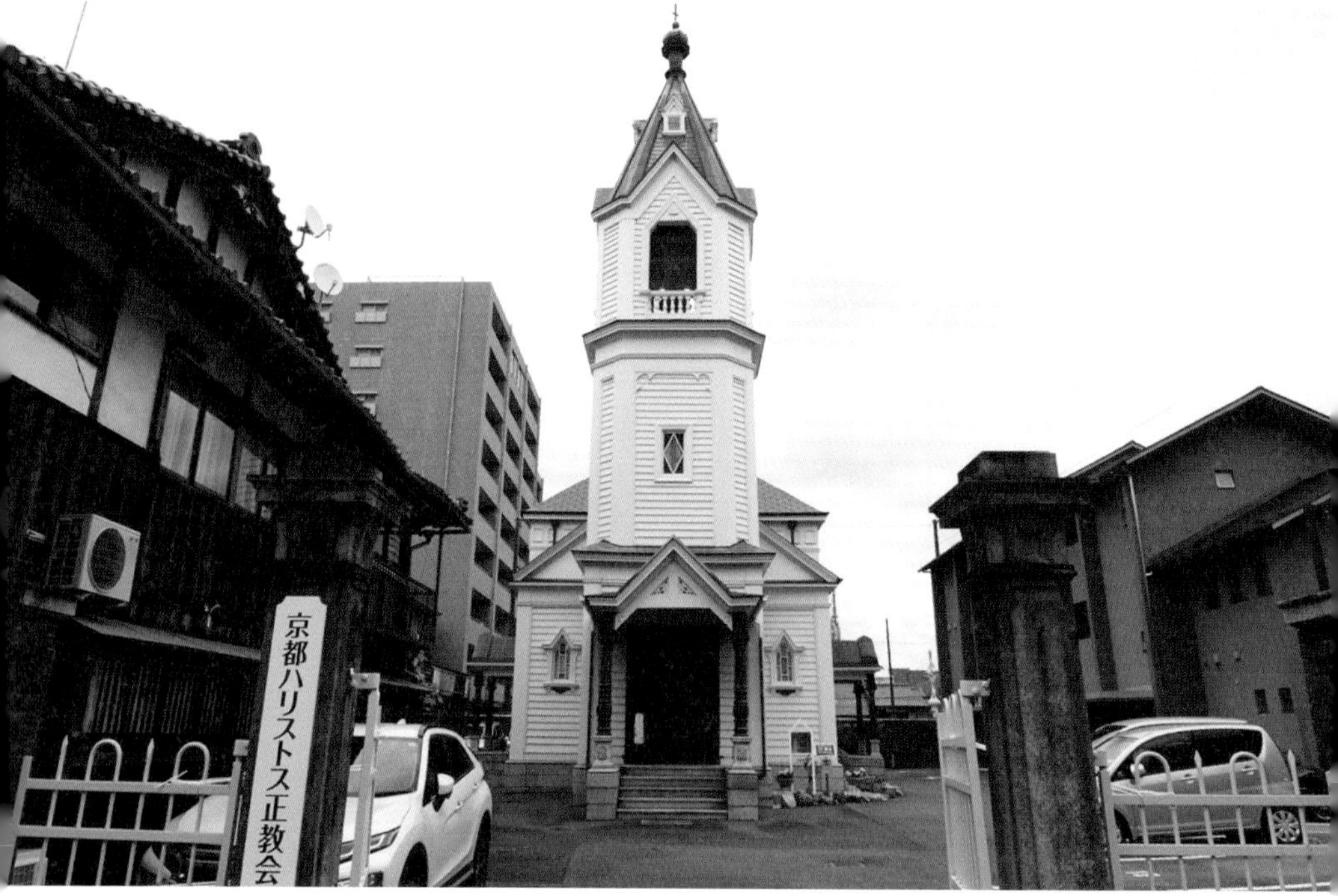

京都ハリストス正教会
生神女福音大聖堂

御所南にある美しい白亜の木造教会
聖堂内部の壮麗なイコノスタスは必見

京都の町を歩いていると、古い教会によく出会う。御所南にある京都ハリストス正教会の聖堂は、ギリシャ正教の西日本における布教活動の拠点として1903年（明治36）に完成。設計は京都府技師の松室重光で、ロシア・ビザンチン様式の木造教会としては国内最古のものだ。

2016年に補修・塗装され、建築当時の真っ白な姿を取り戻した外観は、一見簡素だがあちこちに優美な意匠が施されていて美しい。さらに、聖堂内部の拝観をおすすめしたい。正面に設置された荘厳なイコノスタス（聖障）は、聖人や最後の晩餐の聖像（イコン）30枚が壁のように飾られているもので、帝政ロシア時代にモスクワで製作された。通常は非公開なので、事前予約や特別拝観の時期を忘れないように。

32

The Orthodox Church in Kyoto

聖堂の内部にあるイコノスタス（聖障）。荘厳な雰囲気に飲み込まれる。

蝋燭やシャンデリアの温かな光と、四角い窓のシンプルなステンドグラスから差し込む光の色が混じり合い、聖堂内に幻想的な雰囲気を醸し出す。

天井や柱をよく見ると、細やかな装飾が施されていて…。

聖堂内の白い壁と、木のぬくもりを感じる建具のコントラスト。

当時から変わらないドアノブは、いまも美しく温かい。

Data 1903年（明治36）建築［京指］
設計／松室重光
Address 京都市中京区柳馬場通二条上る六丁目283
Tel 075 231 2453
Open 10:00 ～ 17:00　※外観の見学自由
※聖堂拝観は基本平日のみ、前日までの事前予約要（土・日曜の礼拝時間は聖堂拝観自由）

外側の柵にあしらわれたギリシャ十字。
白亜の聖堂と同じく、
真っ白に塗られている。

立誠ガーデンヒューリック京都

立誠ガーデンヒューリック京都（元立誠小学校）

木屋町のシンボル・立誠小学校がホテル&文化拠点としてリニューアル

長きに渡り、木屋町のシンボルとして愛されてきた元立誠小学校。アーチ型の玄関が印象的で、レトロな装飾が施された美しい校舎は、閉校後も映画やフリーマーケットなどのさまざまなイベントの拠点として活用され続けてきた。

２０２０年にオープンした「立誠ガーデンヒューリック京都」は、かつての校舎を保存・再生した既存棟、それにデザインを調和させた新築棟から構成。両棟にまたがって開業した「ザ・ゲートホテル京都高瀬川 by HULIC」は、小学校の面影を最大限に残して設計された。1階の自治会活動スペースや「ヒューリックホール京都」、気軽に立ち寄れる「立誠図書館」、そして京都初進出・新業態のカフェなどを含む8店舗も、木屋町界隈の光景にすっかりなじんでいる。

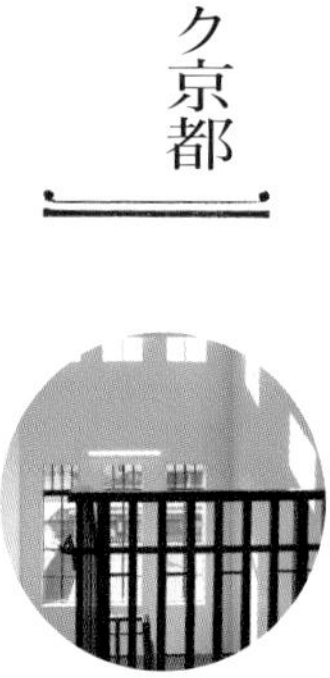

33

Rissei Garden Hulic Kyoto

ここが小学校だった頃も、桜並木が満開になる春、紅葉が真っ赤に色づく秋…そんな高瀬川や向こうの鴨川の光景を、子どもたちは眺めて育ってきたんだろう。

ホテル3階には新旧の建物ををつなぐパティオがあり、本物の薪を焚くファイアービートが設置されている。

京都地元のアーティストとコラボした独創的な客室「Lab(ラボ)」。

ホテルのリトリートルームは、広い和室に大正ガラスの格子戸が昔のままに。

ホテル最上階のレストラン。東山をこの角度で見られる場所はここだけ。

Data 元立誠小学校：1927年（昭和2）建築
2020年7月開業
Address 京都市中京区蛸薬師通河原町東入る備前島町310
Tel THE GATE HOTEL 京都高瀬川 by HULIC：075 256 8955
Open 店舗により異なる　不定休

グランドピアノはグロトリアン。
元立誠小学校にあったものが、
吹き抜けのロビーに設置されている。

フランソア喫茶室

町家を改築した芸術と文化のオアシス 自由を象徴する豪華客船を模した空間

「フランソア喫茶室」を語るのに、「自由」という言葉は欠かせない。当時の日本は、言論を制限された不自由な時代。創業者の立野正一は、誰もが思想や芸術について自由に語れる場として、四条木屋町の町家を改築し１９３４年に開店。その後の大幅改装では、自由を象徴する大海原を行く豪華客船を模した内装に。戦前・前後を通じて、錚々たる芸術家や文化人、学者が集った。

照明や絵画は創業当時の、インテリアは改装時のものをほぼそのまま残している。その歴史ある建物・内装等が評価され、２００２年に喫茶室として初めて国の登録有形文化財となった。

ドラマティックな歴史に思いを馳せ、クラシカルな雰囲気のなか洋菓子や軽食も楽しめる大人の喫茶室に、ぜひお気に入りの席を見つけて。

豪華客船のホールを思わせる白いドーム型の天井に、イタリアン・バロック様式のインテリア。大規模改修した1941年当時のデザインを、現在も守り続けている。

豪華なシャンデリアやステンドグラスが気品ある世界をつくり、クラシック音楽が静かに流れる店内。

窓辺のボックス席で物思いにふけったり、芸術について語り合ったり…。

照明だけでも見飽きない。実際に客船で使われていた灯りが天井にも。

流麗な窓の格子。昔から変わらないエレガントな装いがあちこちに。

Data 1934年（昭和9）改築・創業［国登］
1941年（昭和16）大規模リニューアル
Address 京都市下京区西木屋町通四条下る船頭町184
Tel 075 351 4042
Open 10:00～22:00（LOフード類21:00、ドリンク&ケーキ21:30）　無休（年末年始除く）

フレッシュクリームがたっぷり入ったカフェ・ド・フランソアと、とろける自家製レアチーズケーキ。

喫茶ソワレ

幻想的なブルーの照明が印象的
芸術的な世界にひたれるレトロカフェ

西木屋町・高瀬川沿いにある「喫茶ソワレ」は、外から見てもブルーの照明が目にとまる。画廊を営んでいた初代が、1948年（昭和23）に創業。店内のあちこちにアートの香りが漂っている。

ブルーの照明は、染色研究家の上村六郎によるもの。店内を装飾する優美なぶどうのレリーフは、日展作家・池野禎春の作品。そして、壁にかかる洋画家・東郷青児の絵、グラスやコースターなどのイラストがなんともエレガントだ。

当時のものをできる限り残し、新しい調度品などをうまくコラボさせている。味の開発もそのひとつ。創業時は大人の紳士が多く訪れていたが、最近は小学生や修学旅行生も訪れるとか。形を守りながら、時代のニーズにあわせて変化していく老舗は、老若男女の心を惹きつけ続けている。

森の中のように店内を埋めつくすぶどうの彫刻は、豊かさの象徴。ワインの国フランスのイメージだとか。

2階席からは、高瀬川が真下に見下ろせる。店内にはBGMが一切流れず、全体的に薄暗い夜のムード。繁華街の雑踏の中にして、浮世を忘れられる空間だ。

こだわりのブルーの照明は、お客様が若く美しく輝いて見えるように。

メニュー立てにも"ソワレ"の文字が。フランス語で「夜会」「素敵な夜」の意。

2階の手すりの彫刻には、ワインの神様バッカスが笑みを浮かべている。

Data 1948年（昭和23）創業
Address 京都市下京区西木屋町通四条上る真町95
Tel 075 221 0351
Open 13:00～19:30（LO18:30）月曜休（祝日の場合は翌日）

1970年代から続くオリジナルメニュー「ゼリーポンチ」は、まるで宝石を閉じ込めたようでフォトジェニック。

築地

建物すべてが骨董品のような華麗さ
タイムスリップ感満載の老舗純喫茶

河原町の路地裏。デコラティブな看板、色とりどりの貴重な泰山タイルに導かれ、一歩店内に足を踏み入れたら、すぐさま異世界に連れて行かれる。そんな強力な魅力を持った純喫茶が、1934年（昭和9）創業の老舗「築地」だ。

艶めく飴色の内装が重厚感を与える店内には、初代が買い集めたアンティークの数々が並ぶ。真紅のベロア張りの椅子も、初代が自ら絵を描いてオーダーしたもの。たくさんの物やデザインが凝縮され、絶妙な統一感を保っている華麗な空間に、昔から流れる優雅なクラシック音楽。創業からの歴史を感じ、不思議と落ちつくノスタルジックなカフェである。大切な友人や恋人とゆっくり語り合いたい時。ひとりで厳かに過ごす時。とっておきの特別な場所にしてほしい。

色あせた壁が、創業からの歴史を物語る。足音が温かく反響する赤い床も愛おしい。

入り口のドアを開け、さらにウェスタンな開き扉をくぐった途端に、時代や国を越えてタイムスリップ。琥珀色の光を放つランプが、訪れる人を異世界に誘う。

京都で初めて出されたというウインナー珈琲を、優雅に味わう至福の時。

どこを切り取っても絵になるインテリア。所狭しと飾られた調度品たち。

階段の端に、ビクターの犬見つけた。アンティーク探しも楽しい店内。

Data 1934年（昭和9）創業
Address 京都市中京区米屋町384-2
Tel 075 221 1053
Open 11:00 ~ 17:00　無休

重厚感あふれた色合い、
気品ある装飾。
これがなんとトイレのドア！

六曜社 珈琲店

河原町の繁華街に変わらぬ佇まい
清水焼のタイルがトレードマーク

人と車が終始行き交う、河原町三条の交差点すぐ近く。黄土色と緑のタイルが目立つ店構え。レトロな木の看板。そして、初めての人はどちらに入ればいいか迷ってしまうかもしれない。

朝から営業の1階店。地下店は昼からの営業で、夜はバーにもなる。どちらも美味しいコーヒーを飲めるが、抽出法や豆の種類が異なるので、飲み比べてみてほしい。写真は地下店のもの。細長いカウンター席で、マスターがペーパードリップでコーヒーを淹れる姿を眺めるもよし。ゆったりしたソファ席でくつろぐもよし。

丁寧に淹れられたコーヒーのお供には、自家製ドーナツがおすすめ。繁華街の喧騒を離れてひと息つける、エアポケットのような店だ。

Data 1950年（昭和25）創業　Address 京都市中京区河原町通三条下る大黒町40
Tel 075 221 2989（代表）　Open 1階店：8:30～22:30（LO22:00）地下店：喫茶タイム12:00～18:00（LO17:30）、喫茶・バータイム18:00～23:00（LO22:30）水曜休

スマート珈琲店

昭和の雰囲気が懐かしい老舗
寺町御池で自家焙煎コーヒーを

寺町御池のアーケードのなか、入り口の大きな赤いミルや、店内階段に積み上げた赤いコーヒー缶が印象的な「スマート珈琲店」。重厚な色の木とレンガが調和したログハウス風の内装だ。

看板商品のホットケーキ目当ての方で行列ができているが、2階でいただくランチセットにもファンが多い。洋食屋だった創業時の店名がついた「スマートランチ」は、メインがふたつ選べてお得。ふわふわのフレンチトーストや固めのプリンも、昔からのレシピを大事にした懐かしく飽きのこない味で、この親しみやすさが名店の秘訣なのだろう。ちなみに店名のスマートは、「気の利いたサービス」という意味が込められている。ほっとする町場のカフェで、本格的で品のある自家焙煎コーヒーを味わって。

Data 1932年（昭和7）創業　Address 京都市中京区寺町通三条上る天性寺前町537
Tel 075 231 6547　Open 8:00～19:00 ※ランチタイム11:00～14:30（LO）喫茶無休、ランチのみ火曜休

イノダコーヒ本店

創業時の面影と歴史を伝え
旧館、新館の違いも楽しめる本店

京都の老舗喫茶店を代表するイノダコーヒ。ことに、創業の地に佇む本店の格調の高さは、全店舗のなかでも別格の魅力を放っている。

１９９９年の火事で創業からの木造の建物が半壊し、２０００年に再建された本店は、３つの空間からなる。開業時の店舗を復元したレトロな旧館には、昔のテレビも置かれていて実にノスタルジック。新館の外観は街にしっとり溶け込む町家造、中に入れば洋風のモダンサロンで、吹き抜けが心地よい。メモリアル館では、創業者の集めた調度品を見ることができる。

人気の本店限定「京の朝食」は、ボリュームたっぷり。また、トイレと庭へ向かう通路の壁は風格あるレンガ造なので、ぜひチェックを。気候のよい季節なら、インコたちに会えることも。

Data 1940年（昭和15）コーヒー豆・輸入雑貨店として創業、1947年（昭和22）喫茶店開業 2000年営業再開
Address 京都市中京区堺町通三条下る道祐町 140
Tel 075 221 0507　Open 7:00 〜 18:00　年中無休

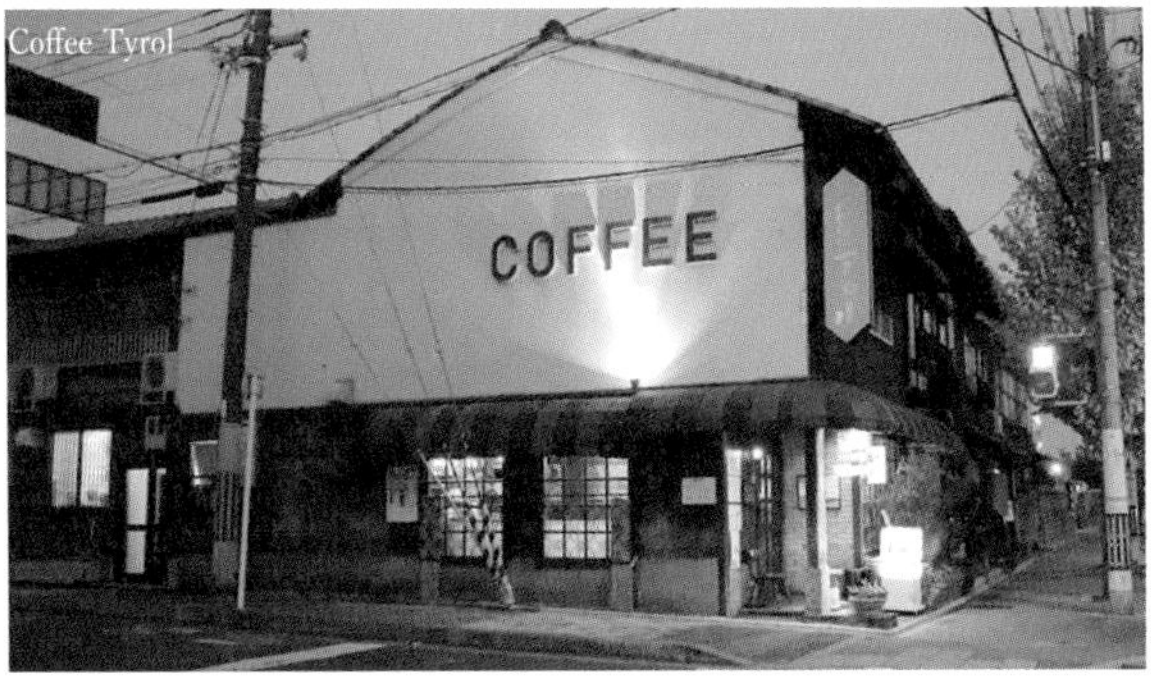

喫茶 チロル

山小屋風のアットホームな雰囲気
絶品カレーの昔ながらの喫茶店

二条城のすぐ近く、御池通沿いでカレーとコーヒーのよい香りが漂ってきたら、そこが「喫茶チロル」。なんとも懐かしい外観が目印だ。

山岳部だった先代のつくったお店だけに、建物は山小屋風。二面に大きな窓が取られた店内は、ぬくもりある木の内装。創業当時から使いこまれたテーブルと椅子、水槽にはエビやタニシがいたりと、実にアットホーム。照明の灯りも温かく、ほっこりくつろげる雰囲気なのがいい。

人気のメニューは、3日がかりで仕込むカツカレー、京都らしい厚焼き卵のサンドイッチ。そして、ネルドリップで淹れた濃いめのコーヒー。近くで働くサラリーマンなど長年の常連客に加え、最近は若い方も多く訪れるという。世代を超えてファンの多い、昔ながらの喫茶店だ。

Data 1968年(昭和43)創業　Address 京都市中京区門前町 539-3
Tel 075 821 3031　Open 8:00 〜 16:00　日・祝日休

左京区界隈

京都市内の東北部に位置し、比叡山などの豊かな自然に恵まれた左京区。世界遺産の下鴨神社や銀閣寺をはじめとした観光名所も数多く、夏の風物詩・五山送り火も直近に迫る。

そんな左京区でも、ひときわ文化の香り漂うエリア。閑静な住宅街に抱かれ、落ち着きのある雰囲気のなか、魅力的な建物が点在している。

42 「アンスティチュ・フランセ関西」の屋上からは、
47 「京都大学吉田キャンパス」と大文字山が間近に迫る見事な眺め。

茶山
叡山本線
元田中
東鞍馬口通
41 駒井家住宅
白川疏水通
白川通
御蔭通
東大路通
農学部附属演習林
旧本部事務室 47
農学部表門
および門衛所 47
47 人文科学研究所附属
東アジア人文情報学
研究センター
卍百萬遍知恩寺
京都大学
吉田キャンパス
進々堂
京大北門前 46
←京阪出町柳駅
今出川通
アンスティチュ・フランセ関西 42
47 文学部陳列館
47 尊攘堂
∴吉田山
45 茂庵
神楽岡通
銀閣寺・大文字
47 本部構内正門および
百周年時計台記念館(時計台)
東一条通
吉田神社
44 ゴスペル
哲学の道
47 総合人間学部正門
法然
後一條天皇
菩提樹院陵∴
鹿ヶ谷通
43 吉田山荘・カフェ真古館
宗忠神社
47 楽友会館
近衛通
吉田東通
白川通
卍真正極楽寺
(真如堂)
霊鑑寺卍
東大路通
卍金戒光明寺
卍聖護院門跡
大豊神社
丸太町通
東天王
岡崎神社
桜馬場通
平安神宮
岡崎通
卍永観堂禅林寺

駒井家住宅

駒井夫妻との共同作品と言える
ヴォーリズ円熟期の代表的住宅建築

哲学の道から疏水に沿って、さらに北へ歩いていくと、御蔭通りを超えた頃、春には桜並木の続く北白川の閑静な住宅街の一角に、「駒井家住宅」は佇んでいる。1927年（昭和2）、京都大学名誉教授・駒井卓博士の私邸として建てられたこの家は、ヴォーリズ円熟期の傑作だ。

この洋館の印象は「明るくて伸びやか」。駒井夫妻は、ヴォーリズに「夫婦が静かに過ごせるコンパクトな家」を希望。近所の教授たちが集った広々とした居間と食堂。光に溺れるようなサンルーム。大文字と比叡山が望める窓のしつらえと向き。洋館に溶け込む和室。さり気ない意匠に至るまで、各所にヴォーリズの優しい配慮が伺える。慈愛に満ちた居心地のよさに、「人が仲よくなる家」と呼ばれたとか。「こんなところに住んでみたい…」、思わず心の声がこぼれた。

実用性を重視しながら、同時に優雅さも忘れない。吹き抜けホールにある階段のやわらかい曲線には、造形的にも優れたヴォーリズ建築の特徴が表れている。

居間から3連アーチ窓のサンルームを望む。中央の窓は、四季折々の草花や樹木で彩られた庭への出入口。

2階書斎の椅子とテーブルには、駒井博士が長年愛し使い込んだ跡が。

サンルームとひと続きの2階主寝室。肘かけ椅子でゆらゆらと過ごしたい。

賑やかな話し声が聞こえてきそうな明るさに満ちている、1階の食堂。

Data 1927年（昭和2）建築［京指］
設計／ヴォーリズ建築事務所
Address 京都市左京区北白川伊織町 64
Tel 075 724 3115（公開日のみ）
Open 毎週金曜・土曜10:00 ~16:00（受付15:00まで）
夏季休館（7月第3週~8月末）・冬季休館（12月第3週~2月末） ※有料

＊写真提供：（公財）日本ナショナルトラスト

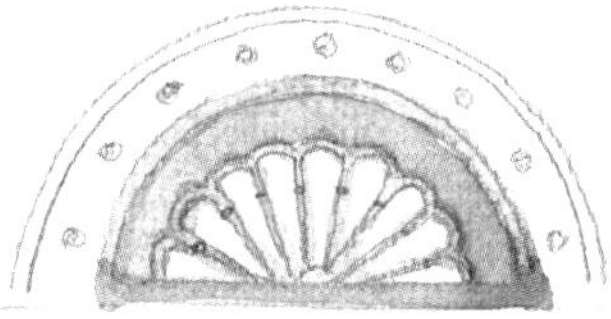

玄関上部には、半円アーチの優美な飾り窓が。
当時流行したスパニッシュ様式を基調とした意匠。

＊写真提供：アンスティチュ・フランセ関西

アンスティチュ・フランセ関西

日仏両国の文化交流を担ってきた細やかな趣向にあふれる小粋な洋館

京都大学・吉田キャンパスエリアに、「小さなフランス」があるのをご存知だろうか？「アンスティチュ・フランセ関西」は１９２７年、フランス政府公式の文化センターとして九条山に設立。大学生も気軽に来られるようにと、１９３６年（昭和11）に現在の地に白亜の洋館が建設された。落成祝いに贈られた藤田嗣治画伯の「ノルマンディーの春」が、いまも玄関ホールに飾られている。

当時の外観を保存しながら、青空にまぶしく映える美しい建物は２００３年に最新設備と共に生まれ変わった。明るい館内のあちこちには、細やかな趣向が楽しいデザインがいっぱい。セミナーやイベント、さわやかな中庭に面したカフェで伝統的なフレンチを気軽に楽しめたりと語学学習だけではない日仏交流が行われている。

Institut français du Japon-Kansai

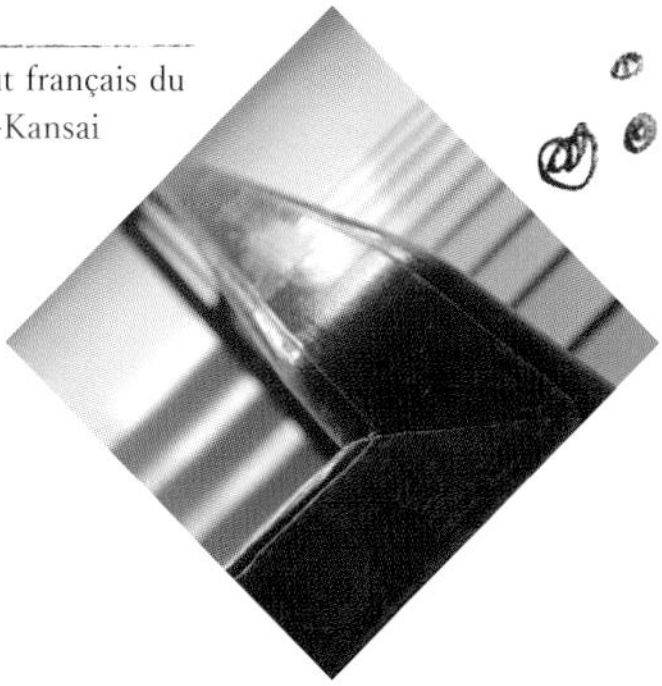

カフェの開放的な窓から、季節の移ろいを感じながら、1936年当時のガラスの丸テーブルをかこんで。

排気口の飾りだったパーツが、いまは1階「ル・カフェ」の飾り窓に。1930年代ならではの鋳鉄なのだそう。高い天井から吊るされたパイプデザインの電球と愉快なコラボ。

淡い黄色のテイストが光る。小窓の排気口金具も繊細なデザイン。

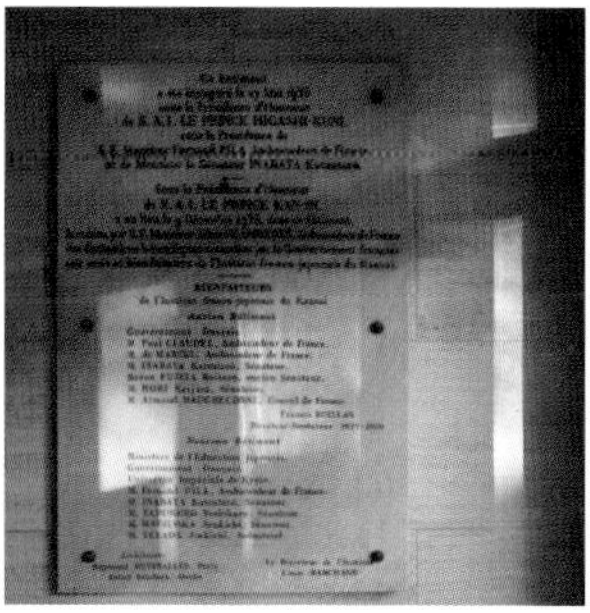

建物の落成記録が刻まれた石板に、日が差し込んで美しいコントラストに。

玄関床のタイルには、フランスの標語Liberté, Égalité, Fraternité（自由・平等・友愛）の文字が隠れている。

Data 現校舎：1936年（昭和11）建築［国登］
設計／レイモン・メストラレ、木子七郎
2003年改築・リニューアルオープン
Address 京都市左京区吉田泉殿町8
Tel 075 761 2105
Open 火曜〜金曜9:30〜21:00、土曜9:30〜19:00
日曜・月曜・祝日休

さあ、身近なフランスの旅へ。毎月、不定期日曜に開催されるマルシェに立ち寄ってみよう。

吉田山荘・カフェ真古館（元東伏見宮家別邸）

東山三十六峰・吉田山の風景になじむ宮様の碩学ぶりが随所に光る元別邸

吉田山中腹の料理旅館「吉田山荘」は、真如堂や金戒光明寺を望み、吉田神社や銀閣寺等名だたる寺社仏閣御陵に囲まれた京の聖地にある。

昭和天皇の義弟・東伏見宮の別邸として1932年（昭和7）に建てられた本館は、和洋折衷の壮麗な近代和風建築。法隆寺伽藍再建を手がけた宮大工・西岡常一による表門をくぐり、坂を登ると「カフェ真古館」と本館が現れる。このどれもが国登録有形文化財という格式の高さ。本館の屋根瓦や建物内には皇室ゆかりの「裏菊紋」があしらわれ、自ら設計に携わった東伏見宮の碩学ぶりや遊び心が随所に見て取れる。

残念ながらカフェの利用だけでは本館建物は見学できないが、まずはぬくもりのあるおもてなしと特別な時間をカフェで体感してほしい。

43

Yoshida-Sanso・Café Shinkokan

吉田山荘の洗面台。
普段より美しく見せてくれる鏡。

吉田山荘 2 階客室。テラスの手すりのデザインは、法隆寺金堂の欄干の卍崩しからヒントを得ているそう。「フシミ」と読めるステンドグラスの模様がここにも。

別邸時代の車庫を改装した「カフェ真古館」。吉田山荘に合うように、近代和風建築にドイツ様式をいち早く取り入れて造られた和洋折衷のモダンな建物。

丹波大納言と 18 種の古代米を使った福餅のぜんざいを季節の唄とともに。

美しい入口の摺りガラス。「カフェ真古館」から吉田山荘の玄関はすぐそこ。

吉田山荘の木の床の凝った模様は、一枚ずつがパズルのようで。

Data 元東伏見宮別邸：1932 年（昭和 7）建築
吉田山荘：1948 年創業
カフェ真古館：2007 年 2 月オープン
［国登］本館・表門・旧門番所・旧車庫・北蔵・南蔵
Address 京都市左京区吉田下大路町 59-1
Tel 075 771 6125（共通）
Open カフェ真古館：11:00～18:00（LO17:30）不定休

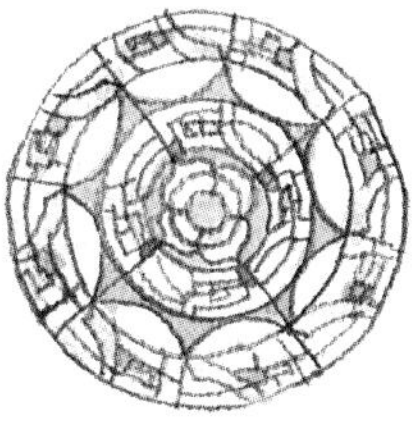

玄関のステンドグラスは、古墳時代の銅鏡「直弧文鏡」の背面文様がモチーフ。カタカナで「フシミ」とも読めることから、東伏見宮が気に入って採用されたとか。

ゴスペル

住居だったヴォーリズ建築に招かれて時間を忘れてしまうクラシカルカフェ

銀閣寺の近く、哲学の道から一歩入った鹿ケ谷通。とんがった鱗屋根が目印のカフェ「ゴスペル」は、もともとオーナーの叔父が住居として建てたヴォーリズ事務所設計の白い洋館だ。

ツタの絡まる瀟洒な建物の1階は、アンティークと古書を扱うお店。美しい木の階段を2階へ上がれば、1920年代のアンティークで統一された優雅な空間が広がる。冬には薪がくべられる暖炉や、サロンコンサートに使われるチェコ製のピアノもあって、おしゃれな邸宅にお招きされたよう。メニューは、オーナーが友達や家族に食べさせたいと思う、素材を厳選した心尽くしのものばかり。「せっかくなら、白紙のままでお越しくださいね」と伝えられていたのに、つい魅力を語ってしまう素敵なカフェなのだ。

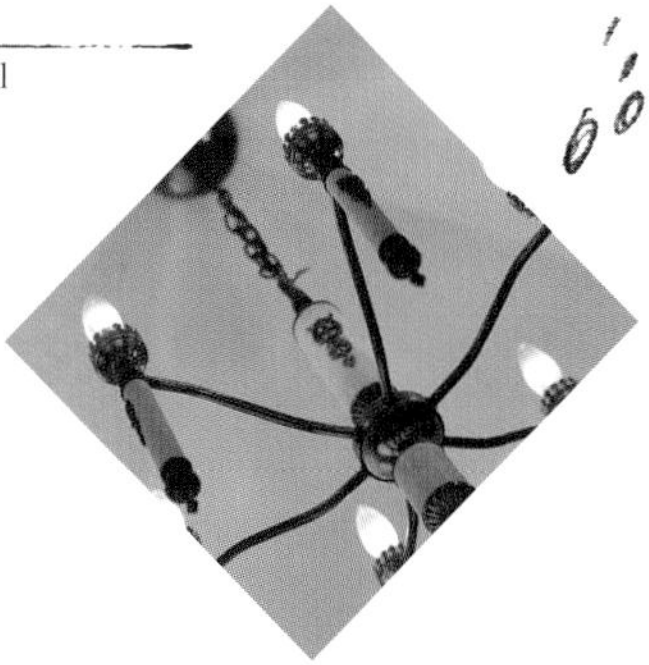

2 階の明るくオープンな空間は、建築当時たくさんお客様を招くためのリビングとして設計されたもの。

とんがり屋根の下、円柱状のスペースはこの建物の中の特等席！？ ゆったりした店内だから、どの席もまるで個室感覚。今日はどこに座るか迷ってしまう…。

焼き立てスコーン。各家庭ごとに味の個性を出すというのがイギリス流。

ヴォーリズ建築らしさが階段の美しいデザインや高い天井に表れている。

ツタの絡まる赤レンガの玄関も、お客様をもてなす姿勢も昔から変わらない。

Data 1982 年（昭和 57）建築　設計／ヴォーリズ建築事務所
Address 京都市左京区浄土寺上南田町 36
Tel 075 751 9380
Open 12:00 ～ 18:00　火曜休

レコードコレクションは、
なんと 2000 枚以上！
真空管アンプと、幻の銘機
JBL パラゴンのスピーカーから流れる美しい音色が、
高い天井に反響して心地よい。

茂庵（もあん）

神楽岡コースで吉田山を登って山頂の庵で絶景のカフェタイムを

大正時代、実業家・谷川茂次郎により、吉田山山頂に広大な茶苑が築かれた。彼の雅号から名づけられた「茂庵」は、現存していた当時の食堂棟を活かしてオープンした山中のカフェである。麓からのコースは4つあり、その中で神楽岡コースは最寄りバス停から近く、最もわかりやすい道。傾斜がゆるやかなので比較的登りやすいが、山道なので必ず歩きやすい靴でどうぞ。

カフェは建物の2階で、靴を脱いで入店する。ゆったりと間隔をとられた席、四方のガラス窓から広がるパノラマ風景。窓際のテーブル席やカウンター席で山頂からの眺望を楽しもう。ピタパンサンドやケーキも人気があり、干菓子つきの抹茶で和の雰囲気にひたるのもいい。下界の喧騒から離れ、レトロな店内や鳥の鳴き声に癒されて。

木造の建物と山里の温もりを肌で感じることができる場所。日常の出来事をしばし忘れて、別世界にトリップ。

1階の扉を開けると、そこは土間の待合室。きしむ階段をゆっくり上れば、四方全面に吉田山の自然と採光を取り入れた贅沢な古民家風カフェになっている。

京都市内の眺望を満喫したいなら、窓際のカウンター席がおすすめ。

高い天井から小粋なライトが吊るされて、夕暮れの雰囲気も抜群だ。

少し離れた場所に位置するお手洗い。着物で訪れても絵になるデザイン。

Data 大正時代建築［国登］［京登］ 2001年開業
Address 京都市左京区吉田神楽岡町 8
Tel 075 761 2100
Open 11:30 ～18:00（LO17:00） 月曜・火曜休（祝日営業、翌平日休）、年末年始・夏期休あり

身体にも心にも優しい、軽食やスイーツなどが味わえる。

進々堂 京大北門前

創業者がパリで見たカフェがモチーフ
レトロな店内の長テーブルと長椅子

　京都大学の北門から歩いて5分ほど、今出川通沿いの茶色いレンガの瀟洒な洋館が、「進々堂京大北門前」だ。創業者が留学したパリのカルチエ・ラタンでの光景を見て、「日本でも学生や先生が勉強し語り合えるカフェをつくりたい」という想いで1930年（昭和5）に開店。日本におけるフランスパン発祥の地でもある。

　当時の雰囲気そのままのレトロな店内には、ゆったりとした重厚な長テーブルと長椅子が並ぶ。人間国宝の木工作家・黒田辰秋の作で、釘を一切使っていない。艶やかな光沢も使いこまれた傷も、積み重なった歴史を感じさせてくれ、その席でコーヒーを飲みながら勉強したり読書する人の姿には、インテリジェンスな空気が漂う。いまも昔も京大界隈のサンクチュアリである。

テラス席のある中庭から木漏れ日がそそぐ。ゆるやかな時間の中で、思い思いに過ごす学生や研究者が多い。

ゆっくり勉強やディスカッションするための長テーブルと長椅子も、当時のままの居心地のよさ。創業者がこの店に込めた想いが、今でも引き継がれている。

カウンターの味わい深いタイルは戦後のもので、レトロ感たっぷり。

人気のカレーセットやブランチセット、純喫茶定番ドリンクもメニューに。

建物の外を彩る床面タイル。色づいた落葉と排水溝が季節限定コラボ。

Data 1930年（昭和5）建築・創業
Address 京都市左京区北白川追分町 88
Tel 075 701 4121
Open 8:00～17:45（LO）　火曜休

カフェの隣はパン工房。アーチの下の壁には、昔ながらのロゴがあしらわれている。

1893年（明治26）建築の本部構内正門［国登］
正門の向こうには、百周年時計台記念館（時計台）がそびえ立つ：1925年（大正14）建築

文学部陳列館［国登］1914年（大正3）建築

人文科学研究所附属東アジア人文情報学研究センター［国登］1930年（昭和5）建築

京都の大学建築散歩②

京都大学 吉田キャンパス

帝大創設以来、各年代の建物が集う凝縮された歴史と文化の宝庫

「京都大学の風景」と聞いて、百万遍や、青空に映える時計台とシンボルツリーの楠を思い浮かべる人は多い。しかし、貴重な歴史的建造物の宝庫という印象は、あまりないかもしれない。

旧制第三高等学校を前身とし、1897年（明治30）に日本で2番目の帝国大学として創設された京都大学。その中枢部である吉田キャンパスは7つの構内に分かれ、広大な敷地内に創立期の煉瓦造建物から最先端ラボラトリーまであらゆる施設が混在し、創設以来の歴史と文化が凝縮されている。

なかでも、登録有形文化財の建造物は9施設。写真では、全てを紹介しきれな

■レストラン「ラ・トゥール」（百周年時計台記念館1階）Tel 075 753 7623

＊写真提供：京都大学

楽友会館［国登］1925 年（大正 14）建築

尊攘堂［国登］1903 年（明治 36）建築

総合人間学部正門［国登］
1897年（明治 30）建築

農学部附属演習林旧本部事務室［国登］
1931年（昭和 6）建築

農学部表門および門衛所［国登］
1924年（大正13）建築

かったが、重厚、優美、モダン、質実剛健、スパニッシュ…など、様式・デザインのバリエーションにも富み、明治・大正・昭和と変遷を重ねた各時代の特徴がおわかりいただけると思う。

　また、登録有形文化財ではないものの、京大のシンボルとも言える百周年時計台記念館（時計台）も大正期の建築（設計／武田五一）であり、館内の歴史展示室、京大ショップ、併設のフレンチレストランは一般の方でも利用できるので、キャンパス見学の時に寄って伝統と自由な気風の一端に触れてみてほしい。

　歴史的建造物だけでもこれだけ見どころが多い吉田キャンパス。京都大学のホームページに紹介されている「散策マップ」では、初心者向けからマニアックなものまで、数々の魅力的なモデルコースが紹介されている。ぜひダウンロードして、来たるべき旅行や散策の日に備えてシミュレーションしておくのもいいのではないだろうか。

京都大学 吉田キャンパス／本部：京都市左京区吉田本町　※キャンパス内の見学自由。ただし、併設のレストランや一部の施設以外は建物内部立入不可

※大学側の判断により、一時的に見学不可となる場合がありますので、事前にホームページ等でご確認ください。

豪華な西陣織を育んできた街・西陣。応仁の乱で、西軍が本陣を置いたことからその名で呼ばれるようになったこのエリアは、京都御苑の西に広がり、いまでも独特の風情を誇っている。また、風光明媚な太秦から嵐山までのエリアには名刹も多く、建物めぐりの延長でゆっくり訪れてほしい。

西陣〜太秦界隈
北大路通
卍金閣寺
（鹿苑寺）
きぬかけの道
←龍安寺・仁和寺
＊立命館大学
馬代通
春日通（佐井通）
西大路通
平野神社
北野天満宮
五色通
上七軒通
今出川通
千本通
櫻谷文庫
57
京福北野線
北野白梅町
太秦界隈
29
58
コーヒーショップ
ヤマモト
187
嵯峨嵐山
JR山陰本線
トロッコ嵯峨
鹿王院
京福嵐山本線
←保津川下
嵐電嵯峨
車折神社
有栖川
太秦
撮影所前
＊東映太秦
映画村
嵐山
卍天龍寺
112
帷子ノ辻
＊東映
京都撮影所
卍広隆寺
太秦広隆寺
渡月橋
桂川
阪急嵐山線
嵐山
京都市立
太秦小学校＊
56
旧徳力彦之助邸
西町通
六軒町通
丸太町通
旧丸太町通
52
京都
聖三一教会
郁芳北通
郁芳通
←太秦
JR山陰本線・嵯峨野線
旧二条通
千本通
美福通

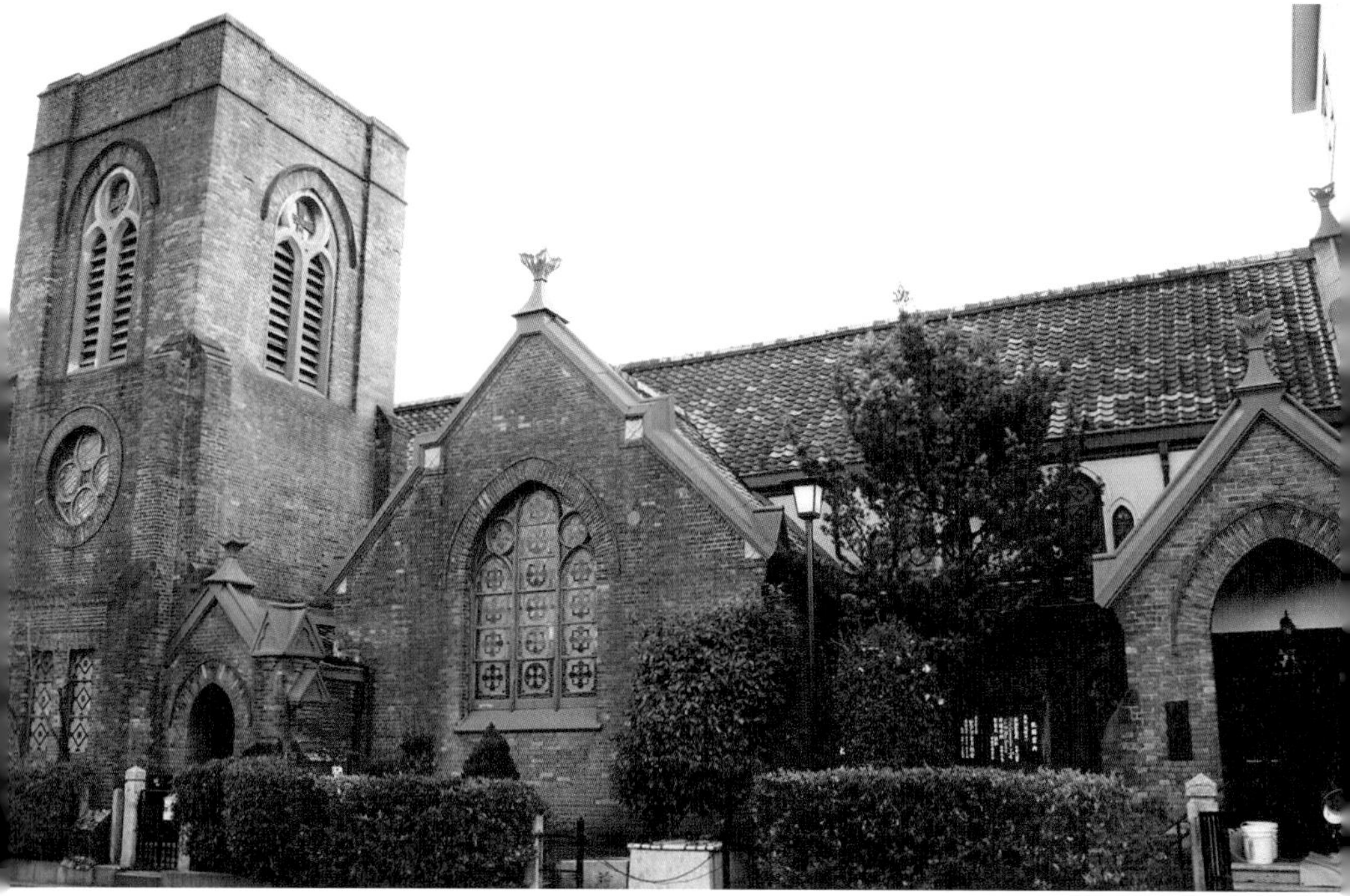

日本聖公会 聖アグネス教会（平安女学院礼拝堂）

京都に現存する最古の教会建築 美しい木造の堂内とステンドグラス

京都御苑の西、平安女学院京都キャンパスの敷地内に、京都に現存する最古の教会建築が佇んでいる。1898年（明治31）に竣工した聖アグネス教会。立教学院の初代校長を務め、長楽館も手がけたガーディナーによる設計で、外観はレンガ造のゴシック様式。左右非対称の礼拝堂と、3層の鐘楼が特徴的な建物である。

一転、聖堂内は耐久性を考慮して木造に。壁面下部にはレンガが貼られ、高い天井にむき出しになった木の梁のアーチが美しい。英国正教会ならではのシンプルなステンドグラス窓は30以上にも及び、大部分が建築当時の姿のまま聖堂内に荘厳な印象をもたらす。戦中や戦後の困難な時代にも絶えることなくここで礼拝が続けられ、いまも烏丸通で広く門戸を開いている。

St.Agnes Church,
Anglican Church
in Japan

天井を見上げると、十字架を意識した設計が伺える。
荘厳な聖堂に、美しいパイプオルガンが映えている。

外国人技師の協力を得ながら建てられた明治西洋建築で、
独自の文化が薫る。木造の堂内は梁などをむき出しにしたデザイン、高い天井の音響効果も素晴らしい。

柱に並べられたライトは、季節や時間により不思議と色合いが変わる。

入り口側正面、丸い西バラ窓のステンドグラス。めずらしくて印象的。

神の教えが早く届くように…。祭壇の鷲の彫刻台の上に金付けの聖書が。

Data 1898年（明治31）建築［京指］
設計／ジェームズ・マクドナルド・ガーディナー
Address 京都市上京区下立売通烏丸西入る堀松町404
Tel 075 432 3015
Open 主日礼拝（日曜礼拝）／英語聖餐式8:30～9:30、日曜学校礼拝9:30～10:00（幼児～小中学生のための礼拝）、聖餐式10:30～12:00　※どなたでも参加可能

昭和のもの　当時のもの

ステンドグラスは一部昭和になってつくり直された箇所があるが、勝るとも劣らないほど美しい。

＊写真提供：コナミスポーツ

旧京都中央電話局上分局

大正12年築、若き日の吉田鉄郎が設計
ドイツ風の美しい旧電話局舎

　鴨川のほとり、丸太町橋の西詰に建つ旧京都中央電話局上分局は、1923年（大正12）建築。設計者の吉田鉄郎は逓信省の技師で、京都中央電話局（現・新風館）や東京と大阪の中央郵便局も手がけ、逓信建築の名手として知られている。黄褐色のタイル貼りの外観は、柱型と縦長窓によるシンプルなデザインだが、黒い勾配屋根が遠くからでも目を惹く。直線的なイメージの外観と比べ、巻き込むような流線を描く階段の手すり、天井にあしらわれた渦巻のような模様など、内部は曲線的な印象を受ける。

　電気通信技術資料館やレストランを経て、現在は1階にスーパーフレスコ、2階・3階にコナミスポーツクラブが入店。気軽に寄れる歴史的建造物として町の人たちに親しまれている。

Data 1923年（大正 12）建築［国登］　設計／吉田鉄郎　Address 京都市上京区丸太町通河原町東入る駒之町 561-1　・コナミスポーツクラブ 京都丸太町 Tel 075 257 4391　・フレスコ河原町丸太町店 Open 平日・土曜 9:00～23:00、日曜・祝日 9:00～22:00　無休

正庁

旧議場

京都府庁 旧本館［重文］

工芸品のような内部意匠が美しい 日本最古の現役の官公庁建物

丸太町通から欅並木の美しい釜座通への角を曲がると、正面に宮殿のようなレンガ造の建物が望める。幕末の京都守護職上屋敷跡に建つ京都府庁旧本館は、１９０４年（明治37）竣工。１９７１年（昭和46）まで本館として、また現在も執務室や会議室として使用される、日本最古の現役の官公庁建物だ。

ルネサンス様式の外観を持つ建物はロの字型に建てられ、南側に旧本館のシンボルである正庁、大理石の暖炉が据えつけられた旧知事室、北側には吹き抜けの空間が広がる格調高い旧議場を配置。それぞれの内部には和風の優れた技術を巧みに取り入れ、凝った装飾やデザインなどはまるで工芸品のようである。作庭家・７代目小川治兵衛が設計した中庭も一見の価値あり。

Data 1904年（明治37）建築［重文］ 設計／松室重光 Address 京都府京都市上京区薮ノ内町
Tel 075 414 5432（旧本館案内所） 一般公開日、見学申込についてはホームページ参照
http://www.pref.kyoto.jp/qhonkan/index.html

＊写真提供：京都府庁 旧本館

紫明会館

美しく耐震・耐火に優れた昭和の洋館
一般のレンタルもOKなレトロ空間も

紫明通に面した風情ある洋館は、京都府師範学校（現京都教育大学）の創立50周年を記念して、1932年（昭和7）に同窓会館として建設。教育研修の場を一般に提供することも目的とされ、講堂や和室などの施設も備えている。

外壁や瓦など、スパニッシュ風の外観。食堂や図書館にはアール・デコ風の意匠が施され、シンメトリーが多用されるなど、デザイン性も優れているが、当時としては耐震や防火にも十分な配慮がされていて、その贅沢なつくりにはまだ豊かだった昭和初期の時代性が感じられる。

元講堂だった3階ホールは、芸術・文化活動など幅広い目的でレンタルできるのが魅力。レトロな空間で撮影やサークル活動を楽しむ人もいまでも自由に使われる歴史的建造物である。

3階の講堂はレンタルスペースに。パーティーや演奏・ダンスの発表会、撮影会など、誰でも利用できる。

歩くたびに床がぎしぎしいうのは、古い木造建築ならではの味わい。お客様が来るとすぐにわかるのだとか。実際に訪れて、その懐かしい音や歩き心地を体感して。

室内の3連窓。形や模様など、シンメトリーを意識したデザインが随所に。

当時にしては強い耐震性を誇る建物。非常階段にもデザインを惜しまない。

教育由来の建物で、未来のプログラマー養成児童教室が行われている。

Data 1932年（昭和7）建築［国登］
Address 京都府京都市北区小山南大野町1-3他
Tel 075 411 4970（レンタルスペース・児童教室問い合わせ／9:00～17:00）
※他はテナント

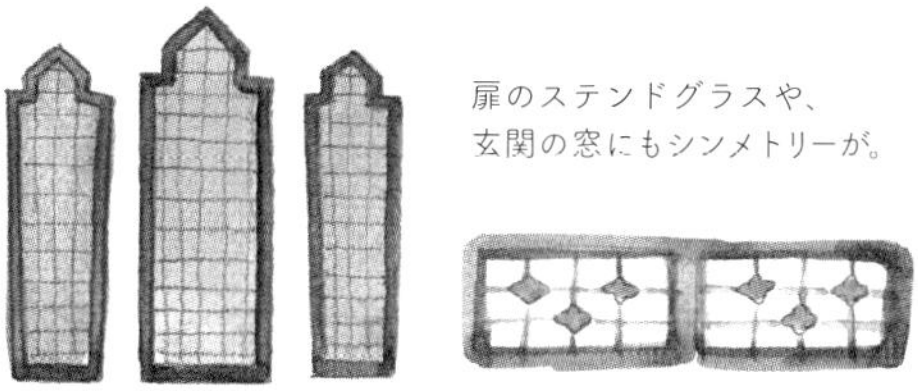

扉のステンドグラスや、
玄関の窓にもシンメトリーが。

The Trinity Kyoto
Anglican Church in Japan

日本聖公会 京都聖三一教会

すりガラスから射し込む敬虔な光
京都の街になじむ和風木造教会

昭和初期、1930年（昭和5）建築のめずらしい和風の木造教会で、外壁や柱に和の趣を与え、屋根は桟瓦葺。実施設計を行ったアメリカ人建築家・バーガミニーは、日本における西洋建築のあり方を探求し、日本の教会堂には和風を取り入れることを望んでいたと言われている。

特筆すべきは窓ガラスと光の関係。模様の入ったすりガラスは、一枚ごとに色が微妙に違い、時間や季節、天候によって表情が変わる。祭壇は、上の窓から光が入ると後光が射すように設計。また梁や説教台等に施されたぶどうの彫刻は、神の「私に繋がっていなさい」というメッセージを表わす。「京都にあう教会はどんなものか」と当時の人たちが試行錯誤してつくった気配が漂う、素朴さと敬虔な祈りが交差する空間だ。

Data 1930年（昭和5）建築［国登］ 設計／園部秀治（基本設計）、J.V.W. バーガミニー（実施設計）
Address 京都市中京区聚楽廻中町 45-1 Tel 075 841 3277
Open 礼拝／聖餐式：日曜 10:30 ～

53
Church of Resurrection
Kyoto, Anglican Church
in Japan

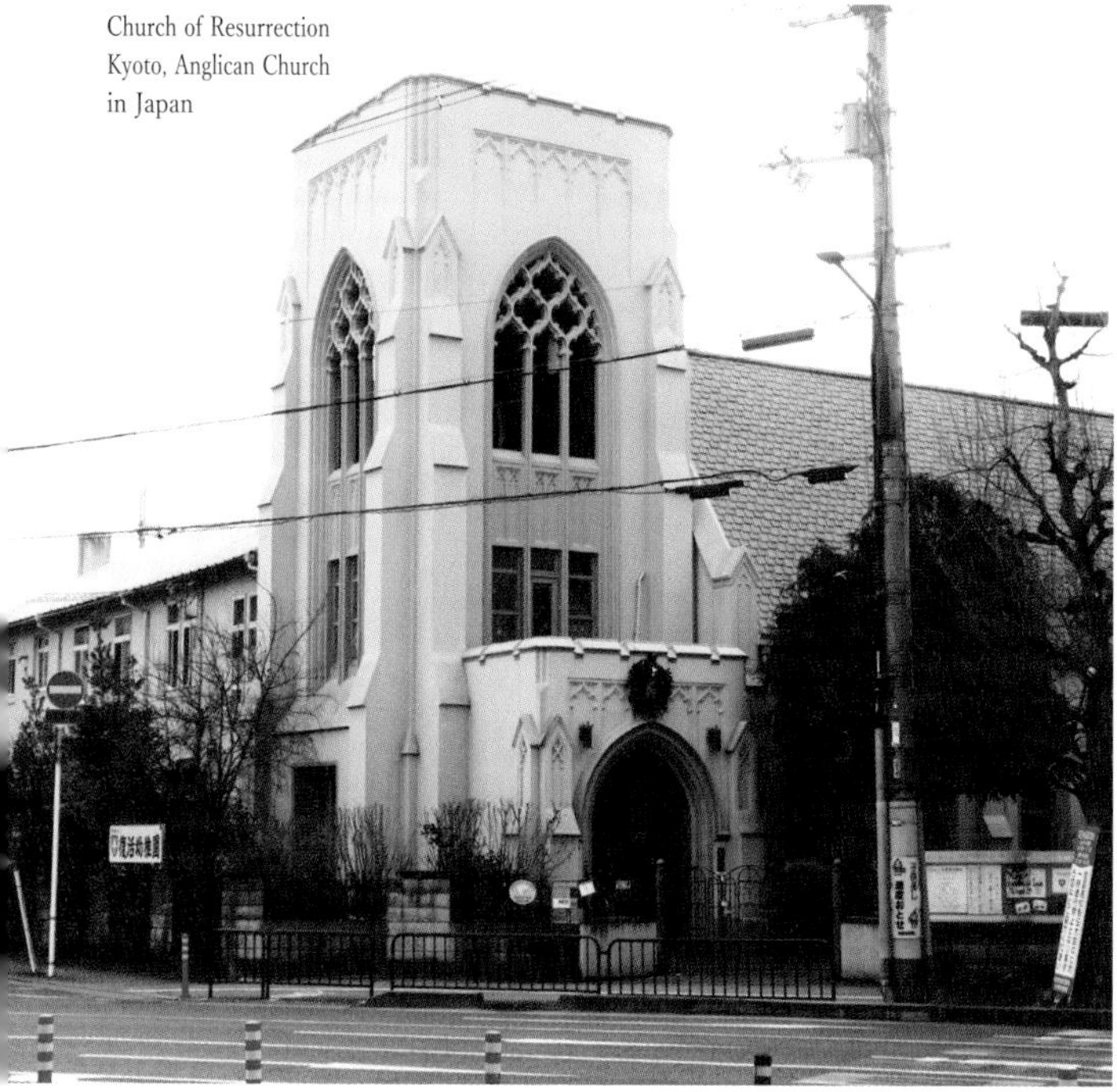

日本聖公会 京都復活教会

青い十字架が浮かぶ尖塔アーチ窓
ヴォーリズ後期の端正な教会建築

繊細な装飾が施された、雪像のような白い建物。堀川北大路の交差点角に建つ京都復活教会は1935年（昭和10）、移転してきた現在の地に新築された。ヴォーリズの後期作品である。

礼拝堂は、多用されている尖塔アーチが特徴的なゴシック様式の建物である。いくつものアーチで囲まれた玄関の上に塔屋を構え、ここに応接室を配置。建物自体は鉄筋コンクリート造だが、礼拝堂内は三角形に組まれた木の梁があらわになっていて、白い壁とのコントラストが鮮烈な印象を与えている。左右の壁面にある11のアーチ窓は上部に装飾を施し、その下にはステンドグラスの青い十字架が浮かぶ。通りのどこから見ても落ちついて美しいこの建物は、地域の方々の心の潤いになっているに違いない。

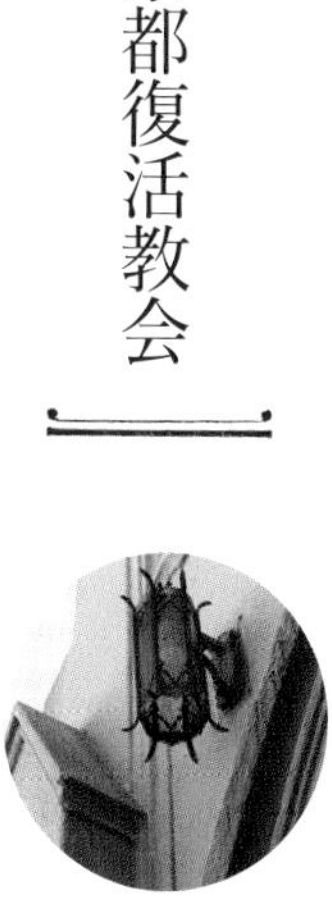

Data 1935年（昭和10）建築　設計／ヴォーリズ建築事務所　Address 京都市北区紫野西御所田町63
Tel 075 441 6468　Open 主日礼拝（聖餐式）：日曜 8:00 ～（早朝聖餐式）、10:30 ～（主礼拝）／こどもの礼拝（日曜学校）：日曜 9:00 ～／夕の礼拝：土曜 19:00 ～　※どなたでも出席可能

京都市考古資料館（旧西陣織物館）

京都市の埋蔵文化財が集まる大正生まれのモダンな元西陣織物館

京都市考古資料館がオープンしたのは、1979年。それ以前、この建物は西陣織物館として利用されていた。竣工は1914年（大正3）で、モダニズム建築の先駆者・本野精吾の設計。当時の今出川通は木造建築が建ち並ぶ低層の街並みで、そこに斬新な3階建の建物が出現したので、当時の人たちは大変驚いたとか。その後、観光名所として多くの入館者で賑わった。

現在の資料館には、京都市で発掘された数多くの埋蔵文化財が収蔵されている。埋蔵文化財というのは、土中から発掘される昔の遺跡や遺物のこと。旧石器時代の石器から江戸時代の土人形まで幅広く、広く市民の目に触れるよう展示を行っている。本能寺の焼けた瓦は、信長ファンに人気。館内展示品はすべて撮影可能だ。

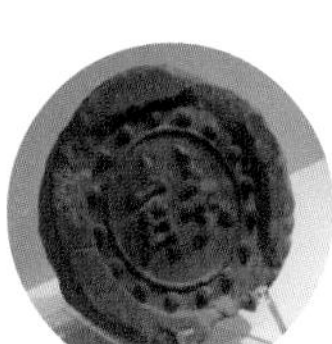

本能寺跡出土瓦

広く取られた階段から、上のフロアへ。有形文化財の建物の中で文化財を見るという、貴重な経験ができる。

階段の柱や手すり、バルコニーも変わらずに残されている。外観は白いタイル貼りの箱型の建物に屋根をのせたシンプルなもので、当時斬新なデザインだった。

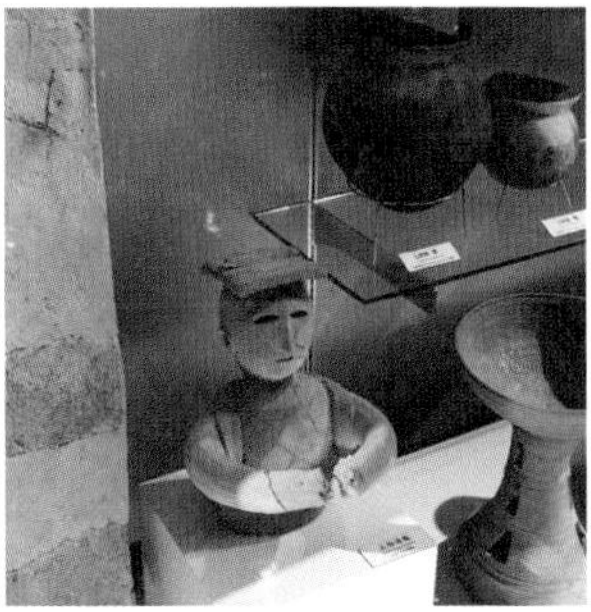

弥生時代の壷や古墳時代の巫女の埴輪など、すべて京都出土のもの。

1階は特別展示、2階は常設展示。両フロアとも、元西陣織の展示即売場。

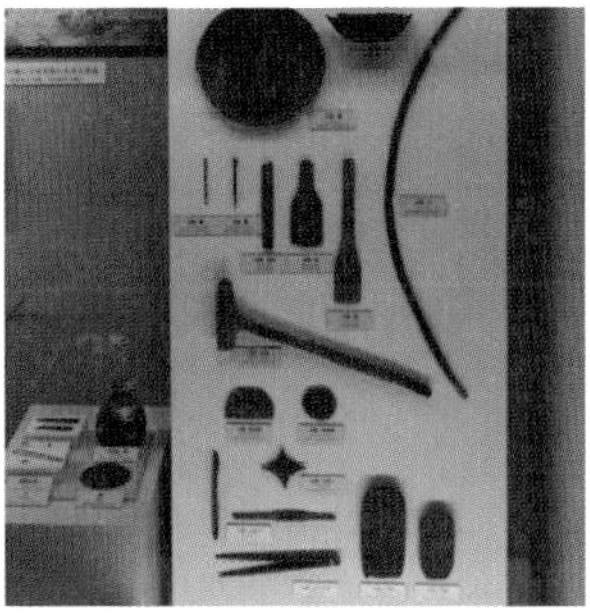

庶民の道具は、主に西市（西大路七条付近）から。まな板や下駄なども。

Data 旧西陣織物館：1914年（大正3）建築［京登］
設計／本野精吾　1979年開館
Address 京都市上京区今出川大宮東入る元伊佐町265-1
Tel 075 432 3245（代表）
Open 9:00～17:00（最終入館16:30）月曜（祝日・振替休日の場合は翌平日）、年末年始休館

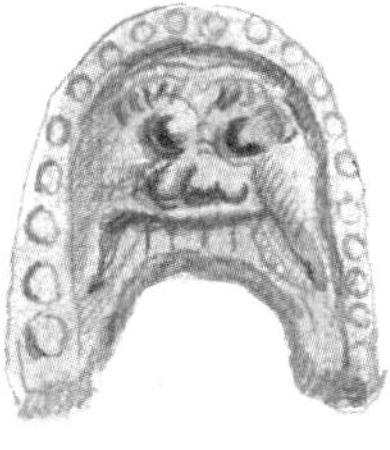

鬼瓦。といっても、かわいらしくてユーモラスなんですけど。

バザールカフェ

多様な人のボーダーレスな居場所
今出川のヴォーリズ建築カフェ

「クラッパードイン」という名前を持つ赤い瓦の洋館。元は1919年（大正8）に同志社大学の宣教師の住居として建てられ、創設者3名の名前がついた。設計はヴォーリズ。華やかな装飾はないが、木や壁のぬくもりがしみじみ感じられる。キリスト教と関わりの深いこの建物で、その精神を支えに社会的マイノリティの雇用や支援、居場所を目指して、1998年「バザールカフェ」プロジェクトがスタートした。

のんびりできるテラス、子どもが遊ぶ広い庭。自分たちでDIYした店内や家具。週替わりで提供される本場の多国籍な料理。働く人、ボランティア、お客様…セクシュアリティ、年齢、国籍問わず、様々な人が安心して集い迎えられる、まさに「バザール」で居心地のよいカフェだ。

Data 1919年（大正8）建築　設計／ウィリアム・メレル・ヴォーリズ　1998年オープン
Address 京都市上京区岡松町258　Tel 075 411 2379
Open 火～土曜 11:30 ～17:00（LO16:30）

旧徳力彦之助邸

太秦の異人館を思わせる洋館は芸術家が設計した住宅兼アトリエ

ツタで覆われた童話に出てきそうな洋館は、工芸家の徳力彦之助が自ら設計した住宅兼アトリエである。彼は実施設計を櫻井馬淵建築事務所に持ち込み、「英国の田舎風住宅」を１９３７年（昭和12）に建設。チューダー様式の建物には購入してきた英国客船の部材が使われ、華麗なステンドグラスや暖炉をはじめ、上質な英国家具が並ぶ。この家は、芸術家が自分の夢と理想を具現化したアートの結晶なのだ。

現在でも、２階は妻である金唐革作家・徳力康乃の工房として使用され、息子の竜生氏もガラス作品を制作。１階のギャラリーでは、作品や海外アクセサリーなどの販売もしている。革とガラスの工芸教室が開かれて体験レッスンもできるので、ぜひ美とアートにひたってみよう。

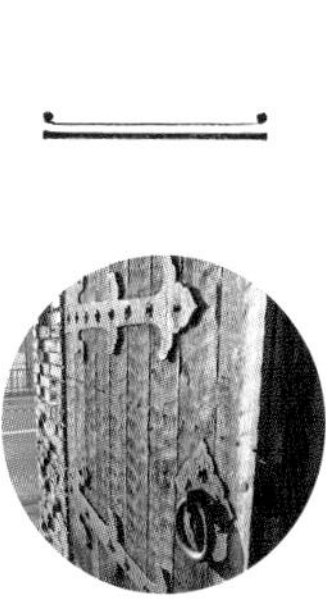

Data 1937年（昭和12）建築［国登］　設計／徳力彦之助（基本設計）、櫻井馬淵建築事務所（実施設計）現・工房チェリデザイン　Address 京都市右京区太秦組石町 2-2
Tel 075 864 9566　Open 11:00 ～ 17:00　月曜休　※見学は事前予約が必要

写真提供：櫻谷文庫

櫻谷文庫（旧木島櫻谷家住宅）

大正の日本画家・木島櫻谷の旧邸宅 衣笠に残る貴重な名建築と作品たち

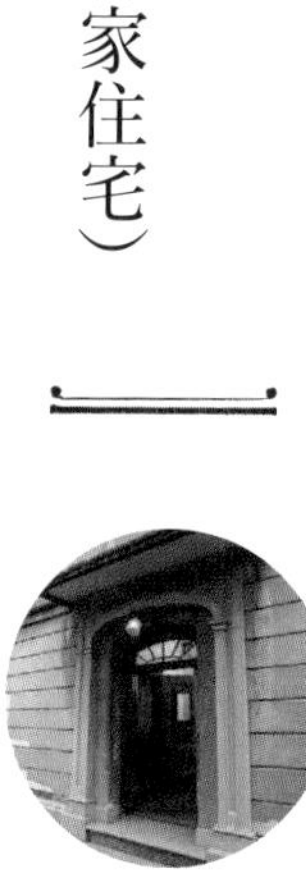

木島櫻谷は、明治末から昭和前期にかけて京都画壇で活躍した日本画家。彼が1913年（大正2）に建てた住宅を、作品や遺作、膨大な蒐集品ごと収蔵・保存したのが櫻谷文庫である。

櫻谷が居を構えた衣笠には多くの画家が移り住み、「絵描き村」と呼ばれたという。その風光明媚な衣笠の一角、敷地内に7棟あった旧邸は、母屋だった和館、応接室や和室のある洋館、緑の樹々に囲まれたアトリエ兼画塾の画室と、3棟が現存。そのデザインやしつらえに、近代日本画家の美意識と個性が宿る。建物内には画材道具や生活用品などが当時置かれたままに保存・展示されており、櫻谷が襖に描いた蕨の絵や孫の落書きに至るまで、彼とその家族が暮らしていた頃の空気や息づかいをいまに留めている。

画室の大広間は、なんと80畳もの広さ。日本画の大作を広げて描くのに必要なスペースだったらしい。

＊写真提供：櫻谷文庫

＊写真提供：櫻谷文庫

大胆な曲線を描いて2階へと続く階段は、洋館の見どころ。芸術家である絵描きの美意識が反映されている。ヴァイオリンと同じニスが塗られ、光沢は褪せていない。

＊写真提供：櫻谷文庫

櫻谷夫妻が居住していた元母屋の和館。台所には井戸と「おくどさん」が。

櫻谷が使っていた画材道具。約600種類もの貴重な顔料が残っている。

＊写真提供：櫻谷文庫

折り上げ天井や竹の装飾の腰板など、和洋折衷の意匠が施された洋館。

Data 旧木島櫻谷家住宅：1913年（大正2）建築［国登］［京指］ 櫻谷文庫：1940年（昭和15）設立
Address 京都市北区等持院東町56
Tel 075 461 9395
Open 10:00～16:00 ※通常非公開、特別公開あり（定期）

和館には御膳の食卓までも、当時のままの状態で展示されているのだとか。

コーヒーショップヤマモト
嵯峨嵐山店

クラシカルな雰囲気が心安らぐ
往年のスターたちも通った名店

懐かしい看板、コーヒー豆が並ぶ木製の棚。古き良き昭和のクラシカルな雰囲気がことのほか落ちつく店内には、静かにジャズが流れていて…。嵯峨嵐山駅からすぐの「コーヒーショップヤマモト」は、東映京都撮影所のある太秦からも近く、スターたちが通った名店だ。

先代だった父が愛し、こだわり抜いた空間やスタイルにいたるまで、現店主は17歳の時から一緒に働いてしっかり受け継いだ。厳選した黒毛和牛の自家製ローストビーフサンドや和牛カツサンドは、やわらかでジューシー。フルーツサンドは、まるでケーキのよう。そして、深みのあるコクを追求した自家焙煎の特選ブレンドは、本格的なサイフォン式。１９６９年（昭和44）の創業以来、変わらぬヤマモトの味である。

Coffee shop
Yamamoto

客船をイメージした店内を、アンティークランプが温かく照らす。先代がこよなく愛した雰囲気。

ナンヨウザクラの木を贅沢に使用した店内は、しっとりとした大人のムード。ビクターの壁掛けスピーカーから、ジャズナンバーやビートルズが一日中流れている。

自家製ローストビーフが入った人気のミックスサンドはモーニング限定。

コーヒーは、父である先代と働いていた頃から変わらないサイフォン式。

大阪のジャズ喫茶で修業したという先代のレコードコレクションたち。

Data 1969年(昭和44)創業
Address 京都市右京区嵯峨天龍寺瀬戸川町9-7
Tel 075 871 4454
Open 7:00〜18:00 (LO17:40) 木曜定休

赤い模様のコーヒーカップは女性にも好評。

啓明館［国登］
書庫棟：1915年（大正4）建築
本館：1920年（大正9）建築

彰栄館［重文］1884年（明治17）建築

アーモスト館［国登］1932年（昭和7）建築

ハリス理化学館［重文］
1890年（明治23）建築

京都の大学建築散歩③

同志社大学 今出川キャンパス

緑豊かな御所北エリアを華麗に彩る 瀟洒な赤レンガ造建物群の競演

鴨川を背に今出川通を西へ歩いていくと、やがて左手に京都御苑が、そして右手に赤レンガ造の建物が見えてくる。緑と赤のコントラストが美しい、ここ同志社大学今出川キャンパス。烏丸今出川の地下鉄「今出川」駅を上がった時には、眼前に西洋建築群が一気に広がり、タイムスリップしたかのような鮮烈な印象を与えてくれる。

全体で絶妙な調和を保ったこれらの建物たち、実は年代も設計者の国籍も違う。例えば、同志社礼拝堂（チャペル）は、アメリカ人のグリーンが設計。プロテスタントのチャペルでは、現存する日本最古のレンガ建築だ。ハリス理化学館はイ

同志社大学／京都市上京区今出川通烏丸東入る ※キャンパス内は見学自由。建物内の見学はキャンパスツアー開催時のみ（通常は非公開） ＊写真提供：同志社大学

有終館［重文］
1887年（明治20）建築

クラーク記念館［重文］1893年（明治26）建築

同志社礼拝堂（チャペル）
［重文］
1886年（明治19）建築

寺町丸太町にある新島旧邸［京指］
1878年（明治11）建築

寒梅館には、一般客も利用できる人気のカフェが。
「アマーク・ド・パラディ寒梅館」Tel 075 251 0880

ギリス人建築家のハンセルが、クラーク記念館はドイツ人建築家のゼールが手がけた。また、2代目図書館として大正になって建てられた啓明館は、「ヴォーリズ建築」で有名なウィリアム・メレル・ヴォーリズ（ヴォーリズ合名会社）によるもの。外観に統一感を持たせながら、細かい意匠やデザインには時代それぞれの特徴や技術が反映されている。それらの違いをじっくり観察しながらキャンパス内を巡るのも、洋風建築が大集結している同志社散策の醍醐味だろう。

さらに、今出川キャンパスからほど近い「同志社発祥の地」に建てられ、彼自身が設計に関わったとも言われる創立者・新島襄の自邸も見逃せない。学舎の華麗さとは異なり、外観はコロニアル・スタイル、基本は和風寄棟造という和洋折衷の落ち着いた風情の住宅。敷地や建物内の公開時には、同志社とセットで、大学から自邸に帰る新島襄の気分になって、距離や途中の風景を体感しながら歩いてみるのがおすすめだ。

新島旧邸／京都市上京区寺町通丸太町上る松蔭町　Tel 075 251 2716　※通常公開、特別公開あり（不定期）詳細はHP「同志社社史資料センター」https://archives.doshisha.ac.jp

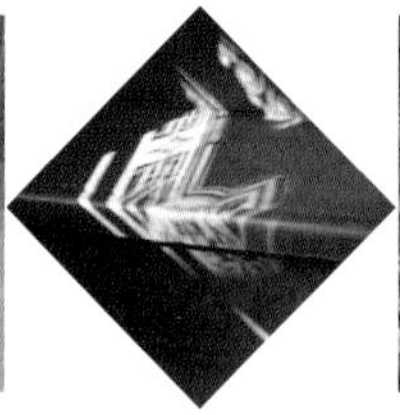

あとがき

私の生まれ育った家の前は河原町通りに面していて、毎日、市電が走っていました。父の勤務先の市役所を見た時、宮殿に勤めているのかと思ったり。北白川の祖父が市電から降り立ち訪ねてくる様子は、黒いマントにシルクハットと杖（おそらく黒いコートに普通の帽子だったのだろうけど）、それが街並みもあいまって格好良く見えたものでした。小学校の時は毎週、市電に乗ってピアノ教室へ通っていて、鴨川の向こう岸からは、京阪電車のガタゴト走る音がいつも聞こえていました。毎日学校帰りにテレビを見に行って長居をした向かいのお茶屋さんからは、お茶の香ばしい香りが漂っていて。祇園の花街の、子どもには分からない不思議な大人の世界も何となく覚えていたりします。

いつしかそれらの姿が消えて、よく遊びに行った友だちの町家が小洒落たレストランに様変わりしていたり、着物に髪結いの近所のおばちゃんがいなくなって、子どもが少なくなって、街中の小学校が相次いで統合、通っていた学校や建物が文化財として保存されていき、老舗が並んでいた商店街の半分は、テナントビルやチェーン店に変身していきました。

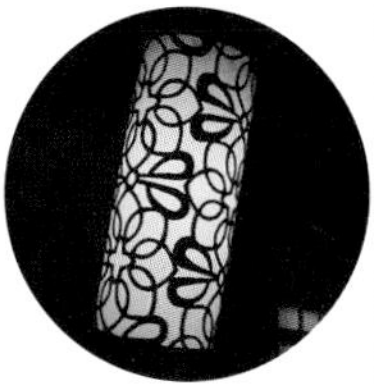

けれども、消えると人は追い求めるのです。また着物を着た若者を見るようになり、廃墟となった校舎は古い建物の良さを生かしてリノベーションされています。ちなみに父は退職しても、市役所宮殿は今もその風格を放ってくれています。

　風景や人や住む場所が変わっても、心の中の大切な思い出は消え失せません。誰かが故郷を懐かしんで帰って来た時、一人でも知人がいてくれたら、色褪せた思い出は昨日のことのように蘇るでしょう。私はそんな思いでこの街に残っています。どんな街に育っても、誰の心の中にもあるだろう大切な気持ちを、この本によって呼び覚ますことができたら。あなたがこの街のことを知らなくても、初めて見る建物であっても、あなたの心の中の大切な何かと、繋がり共感することができたら。この本は、そんな思いを込めて描きました。

　最後に、取材に快く答えてくださった施設やお店の方々をはじめ、私にこのような機会を与えてくださった出版社の方々、協力してくださったスタッフの皆様、そしてこの本を手にとっていただいたあなたに、この場を借りて心より感謝申し上げます。

片岡れいこ

＊著者プロフィール

片岡れいこ（執筆・取材・撮影・編集・イラスト・デザイン）

1967年2月京都生まれ、京都育ち。

幼稚園から大学まで「京都市立」にお世話になる。生まれ育った四条河原町近くの鴨川沿いで、今もアトリエを構える。

1989年､京都市立芸術大学美術学部版画専攻卒業。グラフィックデザイナーとして京都で8年間の勤務を経て、イギリス留学後に独立。現在、日本版画協会準会員。映画監督として京都を舞台にした作品も撮る。

京都の古いものや懐かしいものが大好きで、日々の創作活動に取り入れている。そうして一人で散歩して見つけてきたお気に入りの場所を、この本に凝縮しました。

＊アトリエニコラ URL http://a-nicola.com/

京都芸術センターにて

▼著書 （メイツ出版より） ※は共著
・『カナダへ行きたい！』
・『イギリスへ行きたい！』
・『イラストガイドブック京都はんなり散歩』
・『トルコイラストガイドブック世界遺産と文明の十字路を巡る旅』
・『乙女のロンドンかわいい雑貨、カフェ、スイーツをめぐる旅』
・『北海道体験ファームまるわかりガイド』
※『幸せに導く タロットぬり絵 神秘と癒しのアートワーク』
※『人間関係を占う 癒しのタロット 解決へ導くカウンセリング術』
※『4大デッキで紐解く タロットリーディング事典 78枚のカードのすべてがわかる』

＊制作スタッフ
板垣弘子（執筆協力）
衣笠竜屯（撮影協力）
神谷 敦 （取材協力）

※本書の情報は、2021年1月のものです。ゴールデンウィークや夏期・年末年始の特別期間、および新型コロナウィルス感染防止対策などの影響により､営業・公開時間や定休・休館日などが記載と異なる可能性がありますので、お出かけの際にはHPなどで必ず事前にご確認ください。

京都 レトロモダン建物めぐり

2021年4月30日 第1版・第1刷発行

著 者 片岡れいこ（かたおか れいこ）
発行者 株式会社メイツユニバーサルコンテンツ
代表者 三渡 治
〒102-0093 東京都千代田区平河町一丁目 1-8
印 刷 株式会社 厚徳社

©片岡れいこ, 2021.ISBN 978-4-7804-2447-8 C2026 Printed in Japan.

ご意見・ご感想はホームページから承っております。
ウェブサイト https://www.mates-publishing.co.jp/

編集長：折居かおる 副編集長：堀明研斗 企画担当：清岡香奈